東京近郊一泊二日

我的東京小週末

走出都心，
2天1夜旅行漫步帖

體驗那須平成之森
親近大自然！

熱鬧的秩父夜祭
一定要去看看！

別錯過真岡鐵道
SL 蒸氣列車真的好酷！

動手做一碗自己
專屬日清杯麵！
CUPNOODLES MUSEUM

在小笠原群島海邊
做瑜伽令人難忘！

參拜香取神宮
吸取能量滿點！

MOOK
www.mook.com.tw

來去東京近郊住一晚

東京，是大家旅遊日本的首選之地，不論美食購物、城市人文，都值得旅人一訪再訪。每次到東京總是不停地買東西吃東西，會不會想問：

除了這些，到東京還能再玩什麼呢？

其實，再訪東京時，想要享受城市精彩購物，又想體驗日本四季風情，只要把腳步向外延伸，來到關東近郊的人氣觀光景點，便能遠離城市的超快步伐，感受不同於東京都會的另一種旅行氣息。

5天4夜的東京行程，頭尾就留在東京盡情購物吧！中間選幾天來到近郊，光是日歸還不夠，到溫泉旅館住一晚才盡興！本書精選出關東地區的10條路線，從最有人文味的伊香保溫泉、充滿四季風情的茨城，無處不是歐風渡假氛圍的那須高原，甚至是遠得要命，要搭船24小時才能到的世界遺產小笠原。藉由東京近郊旅行路線，入住特色旅宿，一同品味道地日本美食，享受溫泉洗禮，進入日本旅遊的全新體驗。

遠離都市的天數不用太多，一泊二日的節奏剛剛好。

目錄

AUSTRO

東京近郊旅行交通圖

秩父→127

・西武池袋駅 —特急ちちぶ／1小時20分鐘→ 西武秩父駅

・東京駅 —JR上越新幹線／40分鐘→ 熊谷駅 —秩父鐵道／1小時10分鐘→ 秩父駅

小笠原父島→P.157

・東京竹芝碼頭 —小笠原丸／約24小時→ 父島二見港

佐原→143

・東京駅 —JR総武線快速／40分鐘→ 千葉駅 —JR成田線／30分鐘→ 成田駅 —JR成田線／40分鐘→ 佐原駅

・東京駅八重州南口 —千葉交通、京成巴士／1小時30分→ 佐原駅北口

・東京駅八重州南口 —關東鐵道GREEN巴士直通／1小時10分→ 香取神宮 —關東鐵道GREEN巴士直通／20分→ 佐原駅

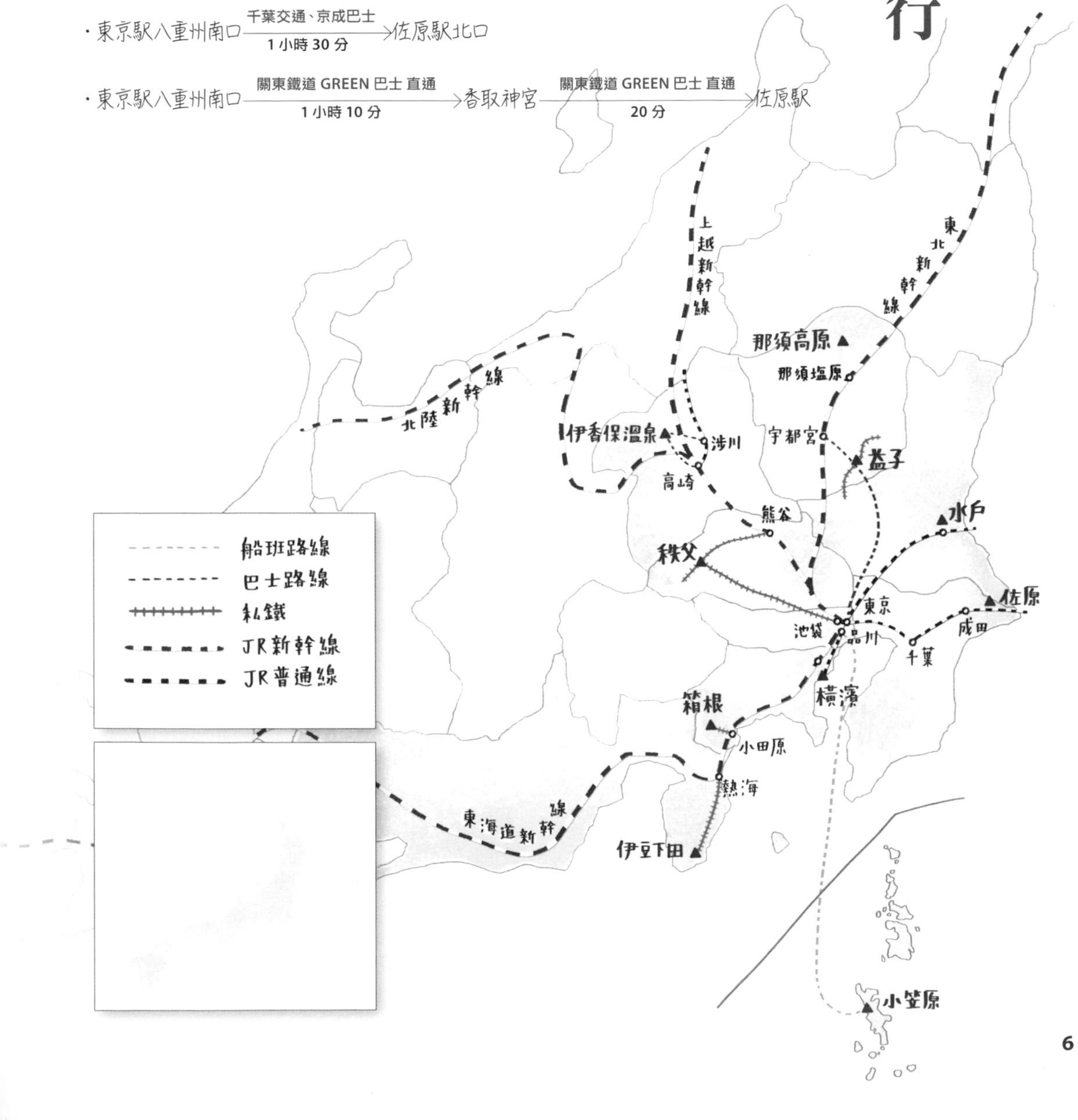

箱根仙石原→P.11

・新宿駅 —小田急特急ロマンスカー直通／約1小時10分→ 小田原駅 —小田急特急ロマンスカー直通／約13分→ 箱根湯本駅

・東京駅 —JR東海道新幹線／約40分→ 小田原駅 —箱根登山鐵道／約15分→ 箱根湯本駅

・新宿駅西口 —小田急箱根高速巴士直通／約2小時→ 仙石原

伊香保溫泉→P.29

・上野駅 —JR特急草津號／約1小時40分鐘→ 渋川駅 —路線巴士／約25分鐘→ 伊香保溫泉

・東京駅八重洲口 —JR巴士上州ゆめぐり／2小時30分鐘→ 伊香保溫泉BT

・高崎駅 —群馬巴士／1小時10分鐘→ (經榛名湖) 伊香保溫泉BT

益子→P.45

・東京駅 —JR東北新幹線／1小時10分鐘→ 小山駅 —JR水戶線／20分鐘→ 下館 —真岡鐵道／46分鐘→ 益子

・東京駅 —JR東北新幹線／50分鐘→ 宇都宮駅 —關東自動車巴士／1小時15分鐘→ 益子

・秋葉原 —関東やきものライナー／2小時30分鐘→ 益子

伊豆下田→P.61

・東京駅 —JR特急踊り子／2小時40分鐘→ 伊豆下田

橫浜→P.77

・東京駅 —JR東海道線、橫須賀線、京浜東北線／25分鐘→ 橫浜

・渋谷駅 —東急東橫線直通／27分鐘→ 橫浜 —東急東橫線直通／10分鐘→ 元町・中華街

・成田空港 —JR特急成田N'EX／1小時30分鐘→ 橫浜

・羽田空港 —京浜急行線／27分鐘→ 橫浜

茨城→P.95

・東京駅 —JR特急ひたち、ときわ／1小時20分鐘→ 水戶駅

・東京駅八重洲南口 —高速巴士みと號／2小時→ 水戶駅

・秋葉原駅 —つくばエクスプレス區間特急／1小時→ つくば

那須高原→P.111

・東京駅 —JR東北新幹線やまびこ、なすの／1小時10分鐘→ 那須塩原駅

東京近郊串聯 4 泊 5 日行程

要玩大關東，以東京為出入口，安排個 5 天 4 夜行程最適合。可以在東京待個 3 天，其中兩天到近郊的某個小城鎮走走，或是近郊也順遊個兩個區域，只留頭尾在東京享受美食與血拼。以下列出四條路線提供參考：

ROUTE 2

東京→箱根仙石原→伊豆下田→東京

Day1：台灣→東京：一抵達東京，便直接從機場搭乘高速巴士至箱根仙石原。→ P.11
交通：羽田機場搭乘小田急箱根高速巴士即達，約 2 小時 20 分，¥1880。
泊：箱根仙石原
↓
Day2:仙石原→箱根:搭乘箱根的五大交通工具，遊玩美術館，若想要玩更細，不妨晚上多待一晚。
泊：箱根湯本
↓
Day3：箱根→伊豆下田：早上離開箱根，前往伊豆下田，感受海天一色的美麗風景！→ P.61
交通：搭乘箱根登山鐵道至小田原，轉乘 JR 東海道本線至熱海，再轉乘 JR 伊東線至伊東換伊豆急行。箱根湯本→伊豆急下田約 2 小時 30 分，¥2690。
泊：伊豆下田
↓
Day4：伊豆下田→東京：早上安排戶外體驗，中午後回到東京，繼續逛街、美食行程。
交通：搭乘 JR 特急踊り子即達，約 2 小時 40 分，¥6060。
泊：東京
↓
Day5：東京→台灣：結束東京行程，回國。

ROUTE 1

東京→那須高原→益子→東京

Day1：台灣→東京：東京行程。
泊：東京
↓
Day2：東京→那須高原：在東京享用完早午餐，移動至那須高原。→ P.111
交通:於東京駅搭乘東北新幹線即達那須塩原駅，約 1 小時 10 分，¥6020。
泊：那須高原
↓
Day3：那須高原→益子：白天在那須高原繼續行程，中午過後再移動至益子。→ P.45
交通：於那須塩原駅搭乘 JR 東北新幹線至小山駅，轉乘水戶線至下館，再轉真岡鐵道，約 3 小時，¥4870。
泊：益子
↓
Day4：益子→東京：白天在益子一帶遊逛，晚上回到東京，到居酒屋吃一頓後，回飯店好好睡一覺。
交通:搭乘関東やきものライナー巴士即達秋葉原，約 2 小時 50 分，¥2250。
泊:**東京**
↓
Day5：東京→台灣：趁著飛離日本前，大肆採買。

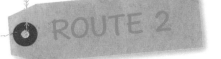

ROUTE 4

橫浜→東京→佐原

Day1：台灣→橫浜：抵達東京後，即前往橫浜休息。→ P.77
交通：成田空港駅搭 JR 特急成田 N'EX 可直達橫浜駅，約 1 小時 30 分，¥4370。
泊：橫浜
↓
Day2：橫浜→東京：整天都在橫浜遊玩，晚上再回到東京的花花世界。
交通：橫浜駅搭乘 JR 線列車，約 30 分到東京駅，¥480。
泊：東京
↓
Day3：東京行程：今天整天都玩東京，好好將所有想去想吃想買的願望全都實現！
交通：都心內自由活動。
泊：東京
↓
Day4：東京→佐原：在老街運河旁悠哉逛逛，好好留宿一晚，感受平靜的美好。→ P.143
交通：東京駅八重州南口搭乘關東鐵道 GREEN 巴士。約 1 小時 30 分，¥1900。
泊：佐原
↓
Day5：佐原→台灣：結束東京行程，回國。
交通：從佐原駅搭乘 JR 成田線至成田駅，再轉往機場。全程約 1 小時，¥680。

ROUTE 3

東京→伊香保溫泉→秩父→東京

Day1：台灣→東京：東京行程。
泊：東京
↓
Day2：東京→伊香保溫泉：一早來到伊香保，在溫泉區中泡湯、散步。→ P.29
交通：搭乘 JR 至高崎駅再轉到渋川駅轉乘巴士，約 3 小時，¥2990。
泊：伊香保溫泉
↓
Day3：伊香保→秩父：早上搭巴士經榛名湖遊玩，再前往高崎轉車到秩父附近遊玩。→ P.127
交通：高崎駅搭乘 JR 高崎線至熊谷駅，轉搭秩父鐵道，約 2 小時，¥1650。
泊：秩父
↓
Day4：秩父→東京：早上起床至寺廟散步，享用早午餐後動身回東京。
交通：搭乘西武秩父能特急列車直達池袋，約 1 小時 23 分，¥1720。
泊：東京
↓
Day5：東京→台灣：結束東京行程，回國。

用 PASS 玩遍東日本！

JR 東日本鐵路周遊券

能連續 5 天使用的東日本周遊券，依使用區域分為：東北版、長野 ・ 新潟版。可以依照想去的地方選擇適合票券，或者反過來，依票券限制的範圍來安排最有效率的行程。

網址：www.jreast.co.jp/multi/en/pass/

疑問	說明		
多少錢？	地區	大人(12歲以上)	兒童(6~11歲)
	東北	￥20000	￥10000
	長野・新潟	￥18000	￥9000
誰能買？	持「短期滯在」身份入境日本的外國遊客。(一般免簽入境日本觀光的旅客皆是)		
哪裡買？	在台灣可透過授權經銷商或代理店購買換票證(價格較優惠)，到日本後再於羽田空港、成田空港與JR東日本各大車站的綠色窗口、JR EAST Travel Service Center或旅遊服務中心(View Plaza)出示護照與換票證兌換。 現在也可以選擇線上購買，並將換票證(E-ticket)列印出來帶至日本兌換。 在日本可持護照與回程機票證明(電子機票要列印下來)在羽田機場、成田機場與JR東日本各大車站的綠色窗口或View Plaza直接購買。 也可以至有地球符號的自動售票機掃瞄護照購買。		
怎麼用？	JR EAST PASS為機動性的車票，可從兌換日起的連續5天來使用，只有推出普通車廂票券，沒有提供綠色車廂的通票。且一次的旅行中每人只限購一張。 持磁票直接通過改札口，就能在期限內無限搭乘該區域間的JR東日本全線全線，另外： 東北版：東京單軌電車、伊豆急行全線、青之森鐵路、仙台機場列車、IGR岩手銀河鐵路、仙台機場鐵道線、與JR相通的東武日光線(至鬼怒川)路段。 長野・新潟版：伊豆急行全線、北越急行全線、越後TOKImeki鐵道(直津江～新井區間) 、與JR相通的東武日光線(至鬼怒川)路段。 但要注意的是，東海道新幹線與JR巴士等無法搭乘。 要搭乘指定席時，最好事前至JR綠色窗口、旅遊服務中心(View Plaza)出示JR EAST PASS即可免費兌換指定券，或是至自動劃位售票機劃位。部分列車也可以從網頁上預訂。若無指定券，就只能憑JR EAST PASS搭乘自由席。		
建議	除了關東近郊區域，使用本票也能與信濃、東北各縣串聯。		

※2023年3月資訊

JR 東京廣域周遊券

適用於東京近郊的廣域票券，能在 3 天內無限次搭乘區域中的新幹線列車、JR 特急列車、JR 線普通列車，若想要坐得回本，選擇日歸、或是一泊二日小旅行的行程上最是適合。

網址： www.jreast.co.jp/tc/tokyowidepass

疑問	說明
多少錢？	連續3天成人￥10180，兒童(6~11歲)￥5090
誰能買？	持有外國護照的旅客，不限滯留期。
哪裡買？	可持護照在羽田機場、成田機場、東京JR各大車站的綠色窗口、有地球護照標示的自動售票機、JR EAST Travel Service Center或View Plaza直接購買。
怎麼用？	持JR Kanto Area Pass可連續三天自由搭乘「自由乘坐區間」內的JR東日本線、富士急 全線、伊豆急 全線、東京單軌電 全線、上信電鐵全線、埼玉新都市交通線(New Shuttle)的「大宮～鐵道博物館間」之特快(含新幹線)、快速、普通 之普通 廂指定座席。 自由乘坐區間包括河口湖、伊豆、草津、輕井澤、那須高原、日光、水戶等著名觀光景點。 持JR Kanto Area Pass不可搭乘東海道新幹線、JR巴士。 搭乘新幹線「隼(Hayabusa)」號、「小町」號、GranClass(特快)時需另購特急券、GranClass車廂費用。 搭乘富士急行線「富士山特急」、「富山登山電車」皆需另付車資。
建議	此券適合以東京都心為主，想至近郊做一日小旅行的旅客。

※2023年3月的資訊

刺激度★★
浪漫度★★★★
交通便利度★★★
溫泉優質度★★★★★

玩箱根，不必被繁雜的各式交通嚇到，其實連結各大觀光地區的交通網十分完善，就算是巴士，每小時也有2～3班，看準時間就不用擔心。來到箱根，就著這幾種交通工具，一種一種乘坐，一站一站前進，串聯宮之下、仙石原、大涌谷一帶，兩天一夜的箱根之旅，再輕鬆愉快不過了。

離芦之湖、湯本溫泉街有一段距離的仙石原，正似化外仙境，高原地形帶來涼爽氣候，茂密的樹林和自然環境似乎最適合藝術巡禮，Pola 美術館、玻璃之森等大大小小的博物館、美術館，都不約而同地選擇在這裡落腳。登山巴士穿梭在各大景點，一路沿途視野開闊、風景如畫，除了紅葉、櫻花景色，秋天滿山遍野的芒草盛開，景色更是絕美。最建議可以來到這裡住一晚，細細品味仙石原的晨昏變幻，感受森林裡的藝術氣息。

悠遊仙石原小旅行

來仙石原建議放緩腳步，盡情優遊於自然與藝術之森中。仙石原的範圍較廣，美術館之間難以徒步到達，幸好各景點都可以搭巴士前往，巴士的班次也相當密集。車箱內會用日文與英文報站，只要提高注意就不會坐錯站。搭配登山電車、纜車，前後串聯宮之下、大涌谷，若還有時間再前往芦之湖搭乘海賊船，感受富士山水之美。

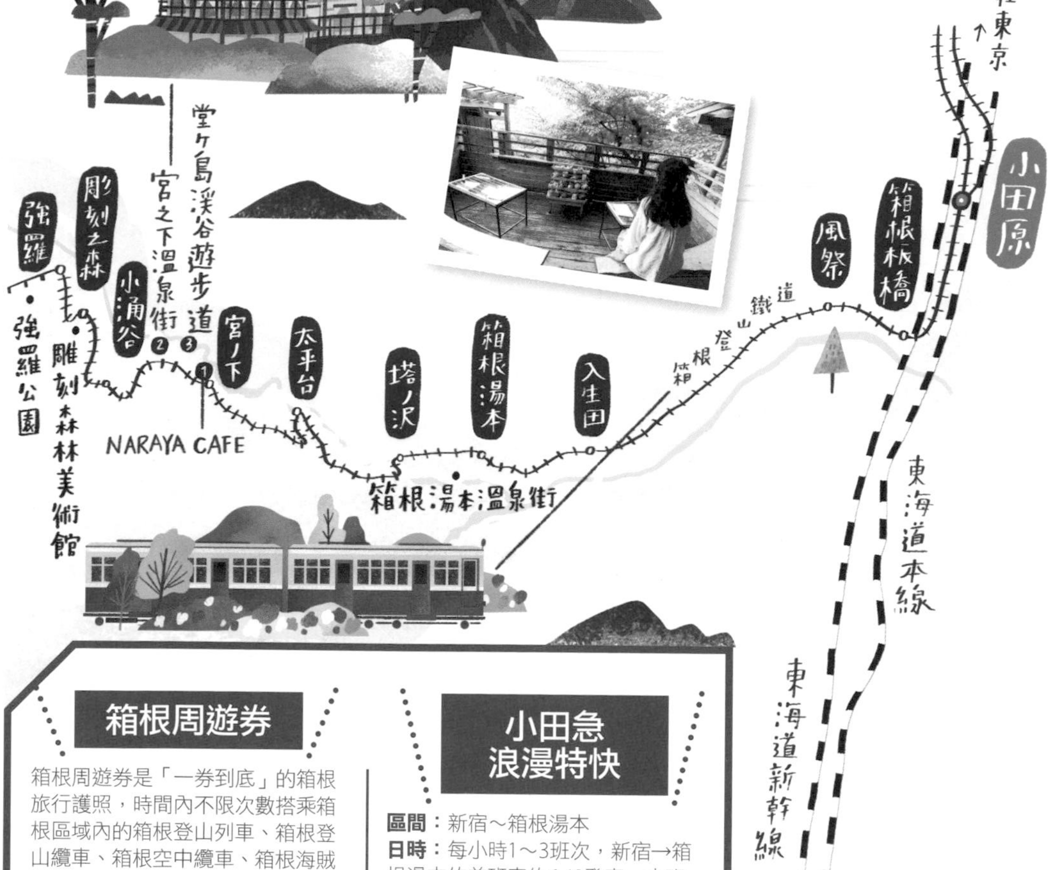

箱根周遊券

箱根周遊券是「一券到底」的箱根旅行護照，時間內不限次數搭乘箱根區域內的箱根登山列車、箱根登山纜車、箱根空中纜車、箱根海賊船、觀光景點巡遊巴士與指定區間內的箱根登山巴士、小田急箱根高速巴士、沼津登山東海巴士。

價格：新宿出發2日券成人￥6100、兒童￥1100，3日券成人￥6500、兒童￥1350

販售地點：小田急鐵道沿線車站自動販賣機、箱根鐵道各站。

網址：www.odakyu.jp/tc/passes/hakone/

注意：不可搭乘伊豆箱根巴士、駒之岳纜車、芦之湖遊覽船。

小田急浪漫特快

區間：新宿～箱根湯本

日時：每小時1～3班次，新宿→箱根湯本的首班車約6:40發車，末班車18:00發車(18:00以後的列車只開到小田原駅)。箱根湯本→新宿的首班車9:32發車，末班車19:50發車。

票價：新宿～小田原￥1900、新宿～箱根湯本￥2460，持箱根周遊券搭乘小田急浪漫號新宿至箱根湯本必需再加價￥1200。

電話：03-5909-0211（小田急電鐵服務中心）

網站：www.odakyu.jp/tc/romancecar/

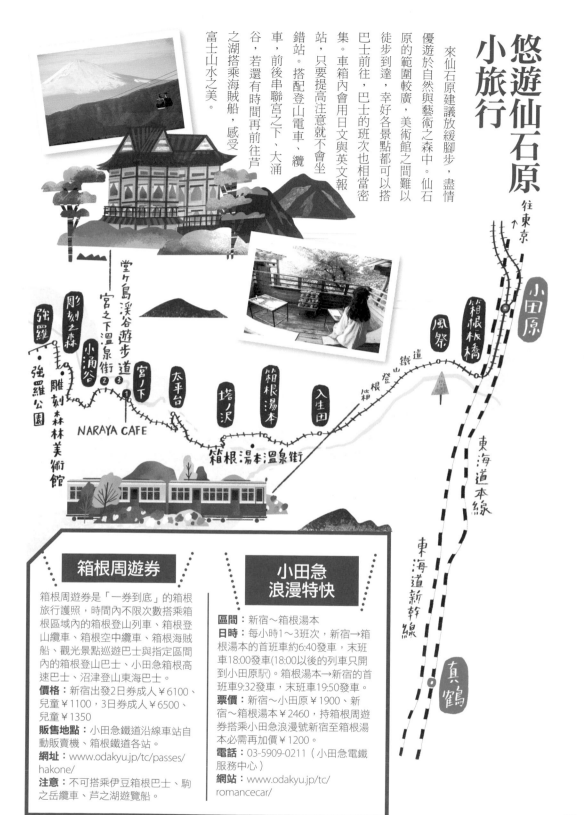

交通指南

東京→箱根

A 從新宿駅搭乘小田急浪漫特快直達「箱根湯本」駅。**單程¥2460，約1小時30分。**

B 搭乘新幹線、JR特急列車的話則是坐到「小田原」駅，再轉搭箱根登山鐵道前往「箱根湯本」駅。**東京→小田原搭新幹線單程¥3810，約35分；小田原→箱根湯本單程¥360，約17分。**

C 想要直接搭巴士也可以從新宿BT搭小田急高速巴士「箱根線」到御殿場、桃源台等地。**新宿西口→仙石案內所單程¥1940，約2小時10分。**

D 若是剛好從羽田機場要直奔箱根，搭小田急高速巴士「羽田線」是最方便的。**羽田空港→仙石案內所單程¥2200，約2小時40分。**

箱根地區的巴士

A **箱根登山巴士**：主要各大區域都有班次可達：箱根湯本、元箱根港、箱根町、強羅駅、仙石原、桃源台、御殿場プレミアムアウトレット等。

B **小田急箱根高速巴士**：高速巴士可以直接從新宿、橫濱、羽田機場等地直達箱根地區。持箱根周遊券能使用的區間為御殿場經由仙石至桃源台、箱根小田急山之大飯店一段。

C **觀光設施巡迴巴士**：可以連結到各大觀光景點，以強羅駅為中心，連接強羅公園、箱根美術館、箱根玻璃之森、Pola美術館等，班次約15-30分鐘便有一班車，只要注意最早與最晚的班次即可。

D **沼津登山東海巴士**：從靜岡沼津連接箱根的巴士。持箱根周遊券能使用的區間為三島至箱根町一段。

E **伊豆箱根巴士**：連接湯河原、小田原等與箱根的路線巴士。持箱根周遊券不可搭乘。

1 NARAYA CAFE

電話：0460-82-1259
地址：神奈川縣足柄下郡箱根町宮ノ下
時間：10:30~18:00，冬季至17:00
休日：週三、第4個週四
網址：naraya-cafe.com/

近年來在 IG 上爆紅的 NARAYA CAFE，最受歡迎的便是以葫蘆為造形的最中，自己填餡好吃又好玩。NARAYA 改建自有三百年歷史的溫泉旅館「奈良屋」的員工宿舍，二層樓的木造空間有咖啡設施以及展覽空間。室外一處溫泉足湯，則是每個人心中的最佳貴賓席。

8:00 **新宿**

搭乘小田急浪漫特快
1 小時 30 分
每小時約有 3 班浪漫特快號，票價￥2460。

10:15 **箱根湯本**

搭乘箱根登山鐵道
25 分
每站皆停的列車，票價￥310

Day 1
溫泉街
溪谷森呼吸

小田急的新宿車站位在JR新宿駅西口位置，除了一般的普通車外，也有特急列車「浪漫特快」，是前往箱根的首選。

Tips
持箱根周遊券搭乘小田急浪漫號新宿至箱根湯本必需再加價￥1200

箱根湯本是進到箱根溫泉鄉的第一站。這一帶由車站、特產店、餐廳，形成一個臨街而立的商店圈，是用餐的首選地。若要購買伴手禮，這裡可以找到不少有趣的東西！只是建議回程再買，以免帶著大包小包不方便遊玩。

Tips
箱根キャリーサービス
位在車站 1 樓通往 2 樓月台的階梯一側，只要 12:30 前將行李交寄，當天15:00 前便會送抵飯店。相反地，退房從飯店也能把行李送到箱根湯本車站來，詳洽飯店櫃台。寄送行李￥900~ ／件。時間：8:30~19:00。

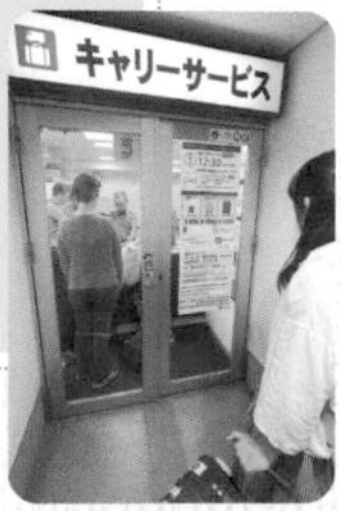

❷ 渡辺ベーカリー

電話：0460-82-2127
地址：神奈川縣足柄下郡箱根町宮ノ下343-3 **時間**：9:30~17:00
休日：週三、第1,3,5個週二

渡邊烘焙坊創業自 1891 年，傳至今已經第五代，店內的招牌商品是各種特別口味的紅豆麵包。梅乾紅豆麵包內餡包入一整顆小田原梅乾，酸酸甜甜的滋味意外地搭配喔。此外使用溫泉水製作麵糰的燉牛肉麵包也是人氣商品。推薦可以中午前來品嚐美味的燉牛肉麵包盅，外表酥脆，內裏浸著燉牛肉的麵包口感獨特，吸引各方老饕前來品味。

10:30

宮之下

步行
10 分

在宮之下郵局左手邊的小路向下走即達

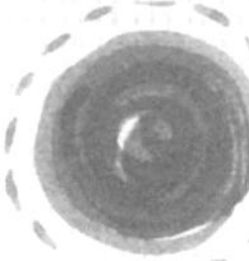

Tips

5 月紫陽花盛開時，鐵軌兩旁盡是美麗的花海，吸引大批人潮前來。

從車站出來後，沿著小路便會來到❶**NARAYA**，小小的咖啡廳在戶外設置了足湯，讓人可以一邊享受咖啡美食，一邊泡腳放鬆，以溫泉迎賓，便是這番風景。

而宮之下的街道和商店主要圍繞著富士屋旅館，只要沿著富士屋的外圍走一圈，就可以逛遍這個小鎮。由於宮之下溫泉街以富士飯店聞名，吸引眾多歐美遊客前來朝聖，大部分店家的老闆會用簡單的英文溝通，英語標示也很齊全，散步其間，並不覺得有什麼不方便的。中午推薦來❷**渡辺ベーカリー**品嚐超美味的麵包盅，中午時段可要有排隊的心理準備！如果不想吃西式麵包，不妨來到竹筴魚丼創始店家みやふじ品嚐豪快的生魚片料理。店面乍看小小的不甚起眼，不過就連平日也是高朋滿座，外國客人也不少呢。

宮之下一帶也有不少充滿日本情調的古董店、陶器店，時常可以看到外國背包客在古董店中留連。這裡也可以找不少伴手禮，像是川邊光栄堂的鉱泉煎餅、專賣工藝品的小林商店等，慢慢遊逛可以看的也是不少呢！

③ 堂ヶ島溪谷遊步道

地址：神奈川縣足柄下郡箱根町宮ノ下
時間：自由見學

順著早川沿伸的堂島溪谷，早在鎌倉至室町時代夢窓疎石便在這裡開基，現在則是東京電力川久保發電所的所在地，途中經過的吊橋「桜橋」等為東京電力之設施。步道連接宮之下至底倉一帶，全長約 2 公里，步行時間約 40 分，但沿路高高底底，穿雙好走的鞋是必備的。

④ 芒草原

地址：神奈川縣足柄下郡箱根町仙石原
時間：9月下旬~11月中旬　**價格**：自由見學

被選為神奈川縣 50 景之一的仙石原芒草原位在箱根台之岳上，每到秋天便有大批遊客前來，為的便是在黃金芒穗中留下美麗倩影。大約從 9 月下旬開始慢慢轉黃，搭配翠綠草原充滿幻想氣息。10月下旬至 11 月中旬整片草原轉為金黃，最是夢幻，一直到初冬變成茶色，算是觀賞期十分長的景點。

13:30 堂ヶ島溪谷遊步道

搭乘箱根登山巴士
16 分
在「木賀溫泉入口」巴士站搭乘開往桃源台的巴士，至「仙石高原」站下車即達。票價￥600。

15:00 仙石芒草原

吃飽飽，除了逛逛宮之下，也可以到溪邊，來場充滿芬多精的森林浴！③**堂ヶ島溪谷遊步道**是宮之下的賞櫻、紅葉名所，夏時更是消暑健行的好去處。沿著早川溪谷建有一些石碑、小室、吊橋。一邊聽著溪水嘩嘩作響，一邊健行，彷若置身世外，十分美妙。由於溪谷沿路也有設置水力發電設施，來這裡健行可千萬不要離開步道，以免不小心誤入禁區。

不到一個小時左右的溪谷健行不走回頭路，從底倉溫泉國嶺附近的石階梯爬上來，途經的破舊小屋是張伯倫住在宮之下的書房呢！

Tips

健行完後，也可以順道來太閤石風呂遊步道走走，欣賞當初豐臣秀吉幫眾將士而設的石風呂！

在台之岳西北麓一帶有片遼闊的④**芒草原**，從10月中旬到11月上旬，原本青綠色的芒草便會吐出芒花，把山腳染成一片金黃，景色非常的壯觀，堪稱是仙石原的代表景色，也成為近年來IG打卡的熱點。

5 箱根濕生花園

地址：神奈川縣足柄下郡箱根町仙石原817
時間：9:00~17:00
休日：12/1~2/28冬季休園
價格：大人￥700，小學生￥400
網址：hakone-shisseikaen.com

箱根濕生花園，以濕原為主題，將河川、湖沼的水生植物集結在一起，園內地型平坦，散起步來十分輕鬆且舒服。每天的10點、13點還會有導覽解說，跟著導覽員一同散步員中，一個半小時的行程十分精實，沿路認識各種值物輕鬆又有樂趣。

17:50

界 仙石原

箱根登山巴士
1分
在「仙石高原」巴士站搭乘往小田原駅的巴士，在「台ヶ岳」下車即達。票價￥200。

Tips
箱根りりか是濕生花園培育的草莓新品種，一年四季都是收穫期。鮮紅果實酸香滿溢，緊實的口感與恰好的酸甜平衡讓人一吃上癮。

Tips
為了維持草原景觀，每年3月有關單位還會固定放火燒山，成為獨特的春季活動。

若季節不對，看不到一片金黃的芒草也不要緊，來到5**箱根濕生花園**裡走走逛逛，也可以感受濕原植物之美。濕生花園位在仙石原的濕原內。占地3萬平方公尺的園中，培育了生長在河川、湖泊、溼地的植物兩百餘種，以及其他森林、高山植物等共一千五百餘種。春天在濕生花園可以欣賞到水芭蕉、夏天有野生花菖蒲，秋天則為滿開的敗醬花，令人驚豔。

入住充滿藝術氣息的星野界系列旅館，一邊泡溫泉，一邊感受無所不在的藝術養分，充飽電後再迎接明日的旅程！

6 箱根玻璃之森博物館

地址：神奈川縣足柄下郡箱根町仙石原940-48
時間：10:00~17:30　**價格**：大人￥1800
網址：www.hakone-garasunomori.jp/

博物館內的「威尼斯玻璃美術館」收藏的，盡是中古世紀讓眾多貴婦人為之瘋狂、價值高昂的義大利玻璃藝術精品，華麗的水晶燈、貴氣的大理石壁爐、古典的明鏡等，共計約上百件 15 至 18 世紀的珍貴藝品，即便經過千年，卻依然綻放著神秘的光輝。「現代玻璃美術館」則展示著 19 世紀後半期再度復甦、充滿嶄新生命力的威尼斯玻璃，讓人了解到玻璃藝術的無限可能性。

Tips
若不想走路，可以在原下車處等觀光設施巡迴巴士，一站即達。

9:00
界 仙石原

步行
13 分
出飯店右轉，約 1 公里接到縣道 733 號即達。

11:00
箱根玻璃之森美術館

搭乘箱根登山巴士
21 分
「俵石 · 箱根ガラスの森前」巴士站搭乘觀光設施巡迴巴士，在「強羅駅」下車即達。票價￥470。

Day 2 美術森林裡的異想體驗

起床再泡一次溫泉，望著山景悠悠哉哉地品嚐美味早餐，繼續一天的行程吧！

到由綠意與水意編織而成的 6 **箱根玻璃之森博物館**，並不算大的園內以「威尼斯玻璃美術館」與「現代玻璃美術館」分別展出義大利的古典玻璃藝術精品以及19世紀後半復甦的威尼斯玻璃。中午時段造訪，不妨在館內的義大利餐廳用餐吧！天晴時選擇坐在戶外，嚐嚐以地產名物製作的義式料理，彷彿置身義大利般，令人心情舒暢。

⑦ 大涌谷

地址：神奈川縣足柄下郡箱根町大涌谷
時間：8:30~17:00　**網址**：www.owakudani.com

大涌谷為海拔 1080 公尺高的山谷，由於火山作用，整個區域是一片赤茶色，草木不生相當荒蕪。谷地間有鋪設良好的步道，引導遊客繞場一圈。沿途到處都有噴煙口，濃煙夾帶陣陣硫磺味不斷飄向遊客。步道總長 670 公尺，走完全程約需 40 分鐘。

Tips

先把雞蛋放到 80 度的溫泉中浸泡 5-10 分鐘，再放到接近 100 度高溫的蒸氣中蒸個 5 分鐘，硫磺成分遇上鐵之後會變成硫化鐵，黑不溜丟的溫泉黑蛋便完成了。

14:30 **強羅駅**

搭乘登山纜車＋空中纜車
30 分
強羅駅搭乘登山纜車，至早雲山駅換乘空中纜車，至大涌谷駅下即達。票價￥1380。

16:00 **大涌谷**

搭乘登山纜車＋空中纜車
30 分
原路回到強羅站。票價￥1320。

17:30 **強羅駅**

Tips

近年來大涌谷一帶火山運動頻頻，若是噴煙數值太高，空中纜車會停止運行，此時則要搭乘替代巴士上山。另外若是天候不佳，巴士也會停止運行。行前需多加確認。網址：www.hakonenavi.jp/transportation/

箱根登山鐵道可分為鐵道線與鋼索線，以強羅為轉車中繼站，故強羅周邊十分繁榮，店家不少，可以來這裡逛逛街，採買伴手禮，再繼續行程。若持箱根周遊券的人可以免費進入強羅公園內欣賞庭園花卉，散步走走也很不錯。

搭上配合地形設計成階梯狀車廂的登山纜車，海拔上升至到早雲山站，從這裡要再轉搭空中纜車，讓旅遊視野由平面轉為立體、也讓視線變成 360 度的無限寬廣，只見富士山探頭出來打招呼，令人驚喜連連。途中記得要在⑦**大涌谷**停留，體驗火山地形的熱力並嚐顆名物黑蛋，當地人相信吃一顆溫泉黑蛋可增壽七年呢！如果是安排早上前來，下午可以來到空中纜車的終點站桃源台，轉乘芦之湖上的人氣遊覽船「海賊船」，玩賞芦之湖美景，再順道回到強羅，轉搭登山鐵道回到箱根湯本。

18:15

箱根湯本駅

搭乘箱根登山鐵道

38 分

每站皆停的列車，票價¥460

21:19

新宿駅

搭乘小田急浪漫特快

1 小時 30 分

從箱根湯本發的特急列車最晚只到19:50，再晚的就要至小田原搭乘了。票價￥2460。

一出箱根湯本駅即可看到道路兩旁的伴手禮店，全長約四百公尺，聚集超過30間店家，其中包括知名溫泉饅頭店、手燒仙貝店、各式伴手禮店家，可以買到五花八門的禮品。在月台上也有小型商店，不用出站也可以買到箱根土產或是便當。

Tips

若是有把行李從飯店寄回車站，記得箱根キャリーサービス的服務時間只到19:00，記得在這之前來領行李。

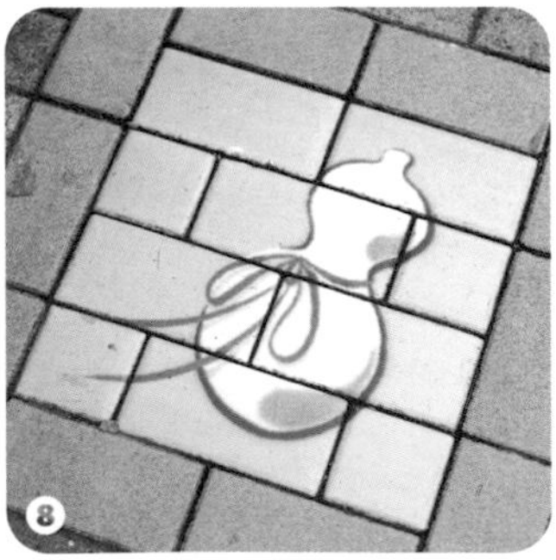

❶搭乘空中纜車，一定要記得看向窗外的富士山景色。❷古寺與繡球花的美麗景色 ❸走在堂島溪谷遊步道上，不時會看到利用高低差做出的瀑布，這也看得出來這帶以水力發電的歷史緣由。❹搭乘箱根登山鐵道更有旅行氣氛 ❺箱根登山巴士路線簡單，是玩遊仙石原的好幫手。❻搭乘小田急浪漫特快，不妨來份特色便當。❼箱根周遊券 ❽宮之下的葫蘆地磚十分俱當地特色 ❾ 6 月時箱根登山鐵道沿路繡球花盛開 ❿放下相機用心感受旅行吧！

POLA 美術館

電話：0460-84-2111 **地址**：神奈川縣足柄下郡箱根町仙石原小塚山 1285
時間：9:00~17:00(入館至 16:30) **休日**：換展期間
價格：大人￥1800、高中大學生￥1300、國中以下週六免費
網址：www.polamuseum.or.jp

彷彿湮沒在青翠綠意中的 POLA 美術館，館內採用大片玻璃帷幕，引進自然天光，讓藝術作品以最自然美好的狀態呈現，館藏以雷諾瓦、夏卡爾、梵谷、莫內等畫家為首，西洋印象派畫作加上日本現代作品共九千五百件。美術館也有附設餐廳、咖啡廳與商店，不定時會搭配企畫展推出期間限定菜單。

箱根萊儷水晶美術館

電話：0460-84-2255 **地址**：神奈川縣足柄下郡箱根町仙石原 186-1
時間：9:00~16:00(入館至 15:30) **休日**：第 3 個週四、換展期間
價格：大人￥1500、高中大學生￥1300、中小學生￥800
網址：www.lalique-museum.com

Lalique(萊儷)為法國知名的水晶玻璃品牌，創始人 Rene Lalique，創作出許多讓歐洲貴婦讚嘆不已的玻璃藝品。美術館收藏了 Lalique 從香水瓶、花瓶到室內設計等逾千件作品，被大片綠意圍繞，並附設優雅的咖啡座、餐廳，除了展館外包含庭園、商店等設施都免費開放，欣賞藝術品之餘也可以在園內悠閒片刻。

御殿場 PREMIUM OUTLETS

電話：054-237-2438 **地址**：靜岡縣御殿場市深澤 1312
時間：10:00~20:00，2 月及 1 月平日至 19:00
網址：www.premiumoutlets.co.jp

日本最大規模的御殿場 PREMIUM OUTLETS 折扣商城，是三菱集團旗下九家 PREMIUM OUTLETS 的旗艦店。廣大園區中有包括 GAP、COACH、BALLY、NINNA RICCI 等品牌共 210 家商店進駐，隨時提供 25%~65% 的超低折扣，而且吃喝玩樂設施一應俱全。東西兩側商城以橋梁連接，還有一座可展望富士山的摩天輪，簡直像是一座小型遊樂園，每逢假日必定擠滿人潮。

再多玩一些

箱根海賊船

地址：箱根町、元箱根、桃源台均可搭乘
時間：箱根町發船時間 9:50~16:30，箱根町～元箱根約 10 分、元箱根～桃源台約 30 分
價格：箱根町～桃源台特別船室成人￥1800、小學生￥900，普通船室大人￥1200、小學生￥600，持箱根周遊券可自由搭乘
網址：www.hakone-kankosen.co.jp
注意：搭乘地分別位於箱根町港、元箱根港、桃源台港

箱根海賊船仿造 17 世紀歐洲戰艦造型，色彩鮮豔明亮，還有許多華麗的立體裝飾，目前共有仿法國的 Royal II 南歐皇家太陽號、英國的勝利號，以及仿瑞典的 Vasa 北歐獅瓦薩王號。內部座椅寬敞舒適，冬天待在充滿熱呼呼的暖氣中，仍可以欣賞湖面風光，天氣晴朗更可遠眺壯麗的富士山。

強羅公園

電話：0460-82-2825
地址：神奈川縣神奈川縣足柄下郡箱根町強羅 1300
時間：09:00~17:00(入園～16:30)
價格：大人￥550、小學生以下免費，持箱根周遊券免費。白雲洞茶苑：抹茶附和菓子￥700
網址：www.hakone-tozan.co.jp/gorapark

有 100 年歷史的強羅公園，擁有整齊美觀的法式庭院。園內櫻花、杜鵑、繡球花、玫瑰等花卉依時開放，熱帶植物館以及九重葛館中，一年四季都可以看到數百種嬌豔動人的花兒。境內還有一間典雅的茶室，不少年輕情侶喜歡來這邊喝杯抹茶，體驗純正的日式風情。

箱根彫刻之森美術館

電話：0460-82-1161 **地址**：神奈川縣足柄下郡箱根町二ノ平 1121
時間：09:00~17:00(入館～16:30)
價格：大人￥1600、高大生￥1200、中小學生￥800
網址：www.hakone-oam.or.jp

箱根彫刻之森美術館園內以開放之姿，點綴著亨利摩爾、羅丹、畢卡索、巴爾札克、妮琪、布魯德魯等多位代表本世紀藝術大師的巨型作品，遊客可以親自觸摸這些歷經風霜、接受大自然磨練的作品，或者站在比人還高的雕塑旁，好好拍一張充滿氣質的照片留念。

來去住一晚

喚醒藝術魂的溫泉旅

星野集團 界仙石原

顛覆人們對於溫泉旅館的刻板印象，星野集團旗下溫泉旅館品牌「界」以藝術工坊結合溫泉旅館，在箱根的仙石原溫泉鄉開設品牌第15座據點「界仙石原」。

界仙石原坐落海拔700公尺的仙石原高原，毗鄰原生態的箱根濕生花園及入選神奈川景勝的仙石原芒草原，擁有豐饒迷人的自然之美。除了山野自然，仙石原地區亦以林立的美術館知名，界仙石原即是秉承當地藝文氣息而生的瑰寶——起居在匯集了自然與藝術的溫泉地，磨礪鈍化的五感，喚醒深藏內心渴望自我表達的藝術魂。每一位入住界仙石原的旅人，都搖身一變成為駐館藝術人，與客座藝術家及旅館員工一同攜手創作美好的旅居時光。

入住小型美術館

開館前，星野集團邀來海內外12位青年藝術家，以仙石原的地方文化為主題，為界仙石原的本館和別館打造蘊藏在地文化的藝術展示。洋溢原創美學的本館13座客室及別館3座客室，選用木石等天然材質築就令人舒心的大地色系起居空間，陳設是琉球榻榻米搭配沙發的和洋折衷風格；在地玻璃藝術家濱館寬和村木未緒所訂製設計柔和光線的燈具，房中備有100%高級亞麻製的浴衣和色彩繽紛的風呂敷；自玻璃落地窗望去即見仙石原連綿山脈的壯麗天際線。

客室露臺皆附設私人專屬的露天溫泉浴池，引自大涌谷的溫泉水色微呈白濁，泉質為強酸性，可讓肌膚柔嫩並促進血液循環。

星野集團 界仙石原

交通：搭乘箱根登山巴士至「台ヶ岳」下車步行 5 分
地址：神奈川縣足柄下郡箱根町仙石原 817-359
電話：050-3786-1144(預約中心)
時間：Check In15:00~，Check Out~11:00
價格：一泊二食，2 人一室，每人￥37000 起
網址：hoshinoresorts.com/zh_tw/hotels/kaisengokuhara

沉穩的空間燈光

界提供大人的悠閒空間，不論白天晚上，皆有自然沉穩的舒適體驗。

會席美食

石燒為主題的料理，結合在地食材與風土，提供最極上五感體驗的美食饗宴。

在地樂

以藝術為主題，界仙石原的在地樂，讓人在手拭巾上塗抹屬於自己的美麗色彩。

溫泉美食放鬆身心

喜愛日本溫泉文化的人亦可選擇在溫泉浴場泡湯，室內風呂設有溫泉和真湯兩種溫度的浴槽，露天風呂則有林藪交織而成的四季景致為泡湯雅趣，「界」特製和漢藥方的沐浴保養品讓美肌效果加倍。泡湯後可往休息區「湯上がり処」，一邊享用備好的蜜柑果汁或地產足柄茶，一邊欣賞水庭的光之藝術——水庭池庭嵌飾了夜光石，晚風拂動水波之間的點點光芒，宛如銀河般令人屏息的奇幻景致。泡湯後的身體狀態最適合進行一場深度放鬆的調理按摩。

徹底釋放壓力後，以最愜意自在的五感體驗界 仙石原的藝術魅力——品嚐石燒的奢華會席料理，鮭魚和時令鮮果以大涌谷的繚繞白煙為意象，瞬間燻製成開胃一品佳餚，嚴選頂級的和牛及鮑魚以隱喻了火山熔岩、加熱至200度高溫的圓石盤燒烤成的主菜，充滿雅趣的料理演出搭配洋溢美感的食器。

動動手成為小畫家

體驗「在地樂」的藝術工坊備有各式顏料及畫筆，每日開設手拭巾彩繪教室，在地型染作家小倉充子原創設計了六款手拭巾，自選一款並自由揮灑色彩，週日限定的工作坊則邀來盆栽、攝影、書道、設計等不同領域的藝術家帶領；亦可前往在地的美術館群：POLA美術館、箱根雕刻之森美術館、成川美術館等，最後登上三島天空步道展望日本創作靈感來源的富士山，以藝術洗滌心靈。

Other Choice｜武藏野本館 箱根吟遊

交通：宮ノ下駅徒步 4 分；或搭箱根登山巴士在「宮ノ下」站下車徒步 2 分 **電話**：0460-82-3355 **地址**：神奈川縣足柄下郡箱根町宮ノ下 100-1 **時間**：Check In14:00~，Check Out~11:00 **網址**：www.hakoneginyu.co.jp

箱根的超人氣溫泉旅館「箱根吟遊」，結合「和」的意象和當紅亞洲風格，微暗照明和自然風的木造建築，彷彿引導著旅客，將身心徹底放空、沉澱。館內也設置了南洋風 SPA，以精油香氛與按摩，讓身心得到徹底的舒緩。

Other Choice｜箱根高地飯店 Hakone Highland Hotel

交通：搭乘開往桃源台的箱根登山巴士至「品の木・箱根ハイランドホテル」站下車 **地址**：神奈川縣足柄下郡箱根町仙石原品の木 940 **電話**：0460-84-8541 **時間**：Check In 15:00~、Check Out ~12:00 **網址**：www.hakone-highlandhotel.jp

箱根高地飯店特意選在稍稍遠離觀光人潮處而建，依山傍河的自然環境構成渾然天成的屏障，廣闊佔地僅設 59 間客房。客房內有準備望遠鏡與鳥類圖鑑，讓住客仔細端詳窗外的野生嬌客。旅館鄰近箱根玻璃之森等景點。

箱根伴手禮

箱根的觀光區十分廣大，除了伴手禮眾多的車站、商店街之外，在各地也有不少好店與工藝品值得探尋。像是宮之下溫泉街、仙石原、強羅等地，遊玩時可別忘了順手帶些好吃好玩的東西回家！

箱根 RUSK

Grande Riviere 仙石原本店

將以高級麵粉烤成的法棍麵包切成小片，撒上細砂糖再烘烤，清爽脆口的 RUSK 便完成了！依季節會推出不同口味，在仙石原本店還提供 2 樓座位可以內用，點支霜淇淋，搭配香脆 RUSK 最對味！

交通：搭乘箱根山巴士在「仙石高原」下車即達
電話：0460-83-8123 **地址**：神奈川縣足柄下郡箱根町仙石原 1246-737 **時間**：10:00~18:00

礦泉煎餅

川辺光栄堂

使用宮之下湧出富含礦物質的泉水，加上奶油、雞蛋與白玉粉調製成麵糊，堅持用手工一片一片烤製，每天的生產量十分少，是日本人口耳相傳的箱根伴手逸品。分為大、小兩種包裝，外觀十足復古風，薄脆的煎餅不甜不膩，一不小心就會吃太多呢！

交通：宮ノ下駅徒步約 5 分 **電話**：0460-82-2015
地址：神奈川縣足柄下郡箱根町宮ノ下 184
時間：9:30~16:00，週三四不定休

季節果醬

渡辺ベーカリー

專賣麵包的渡辺ベーカリー亦推出了一系列的果醬，讓人將箱根的好滋味一同帶回餐桌。果醬純手工熬煮，不過甜、不搶麵包滋味是其主旨。採用季節新鮮水果製成，不論搭配麵包或是優格都十分美味。

交通：宮ノ下駅徒步約 6 分 **電話**：0460-82-2127
地址：神奈川縣足柄下郡箱根町宮ノ下 343-3
時間：9:30~17:00 週三

寄木細工飾品

Naraya An

箱根的寄木細工十分出名，早期的作品皆運用在盒子、家具等物品，近年來亦有年輕的藝術家投入製作，並將這項工藝與飾品結合，鈴木友子便製作出像是耳環、項鍊吊飾等，讓傳統工藝更廣為年輕人所接受。

交通：宮ノ下駅徒步約 1 分 **電話**：0460-82-1259
地址：神奈川縣足柄下郡箱根町宮ノ下
時間：11:00~17:00，週三、第 4 週四休

玻璃杯

ipada 玻璃工房

由玻璃工藝家濱舘寛、村木未緒共同開設的玻璃工房，除了提供民眾預約體驗手作玻璃的美好之外，也販售可以用在日常生活中的美好器皿。Ipada 的作品大多以純白、透明來呈現，利用花紋、刻痕等，不只視覺、觸感有所差異，使用起來的心境也是截然不同。

交通：風祭駅下車徒步約 5 分 **電話**：0465-23-7640
地址：神奈川縣小田原市風祭 874-14
時間：10:00~18:00

一泊二日小旅行 2

夏目漱石也愛伊香保溫泉

日本文學名著舞台實境
遠近馳名千年美人湯

伊香保自從「萬葉集」、「古今和歌集」以來便不斷被歌詠，沿著三百六十個石階走上去，可以看到石階上刻著歌誦伊香保風土與文化的詩歌。明治時代夏目漱石、荻原槇太郎、野口雨情等許多文學家多所鍾愛。

主要的溫泉街長三百公尺、共三百六十個石階的石段街，傳說是約四百二十年前為了治療因戰爭所受傷的武士們，引導溫泉設立浴場，漸漸在斜坡上形成溫泉街。伊香保有兩種溫泉，一種是呈現茶褐色的黃金湯，另一種是透明無色的白銀湯，據說有促進血液循環功效，泡了之後比較不怕冷，還有另一種說法是婦女若常泡的話會較易受孕，因此也被稱作為「子寶湯」。

刺激度★★★☆☆
浪漫度★★★★☆
交通便利度★★★☆☆
溫泉街風情★★★★★

悠遊伊香保小旅行

來到伊香保伊一定要到石段街逛逛，石段街的兩旁有各式各樣的土產店和旅館，可以一邊吃著剛蒸好的湯花溫泉饅頭，一邊散步享受當地特有的溫泉風情，尤其是一到黃昏時，每個店家會點起外燈，石段街顯的相當有氣氛。隔天可以前往榛名湖、榛名神社一帶，感受美景與神聖空氣。

「群馬達人」為你導覽

想更深入了解伊香保溫泉鄉的人，可以參加伊香保溫泉觀光導覽會，「群馬達人」富永精司先生會為你全程講解伊香保歷史與不為人知的秘密喔！

電話：0279-72-2536

價格：1次￥2000~

交通指南

東京→伊香保

A 上野駅搭**JR特急草津號**，一日兩班車10:00、12:10發車。週末假日臨時加開9:00、約1小時40分鐘到渋川駅，¥4000。再轉搭路線巴士約25分鐘，¥576，即可到伊香保溫泉。

B 東京駅八重洲口(9:10車次)、新宿バスタ搭往草津溫泉的JR巴士**上州ゆめぐり**巴士可直達伊香保溫泉。全程約2.5小時，¥2600起。

C 東京駅八重洲口搭乘往四万溫泉鄉的關越交通**四万温泉号**約2.5小時可到渋川駅，¥2500。再轉搭路線巴士約25分鐘，¥576，即可到伊香保溫泉。

D 高崎駅西口搭乘**群馬巴士**「高崎駅～水沢～伊香保」線，約1小時10分，¥1170。

往榛名湖地區的巴士

A **群馬巴士**：在JR高崎駅西口，搭乘經由本鄉前往榛名湖的群馬巴士，約1小時10分至「榛名神社」下車即達神社，¥1120。若要至榛名湖，則再坐約10分即達。

在伊香保BT可搭乘往榛名湖的群馬巴士，約25分到達榛名湖，¥840。前往榛名神社則需再轉車。

B **定期觀光巴士**：由觀光巴士帶你玩伊香保～榛名湖・榛名神社～高崎觀音～高崎駅之間，只在每年4月底~11月底期間的週末六日舉行，一日只有一班次，9:00從高崎駅發車，伊香保溫泉發車時間為10:00。從伊香保溫泉乘車¥2980。至各景點會有時間下車遊玩，約15:40抵達高崎駅，結束行程。

1 伊香保石段街

地址：群馬縣渋川市伊香保町伊香保湯本

時間：自由參觀

已經有 400 年歷史的石段街，可說是伊香保溫泉街最具代表性的景致與商店街，包含有土特產店、溫泉饅頭店、射擊遊戲場、溫泉旅館、公共溫泉湯屋、景點等，沿著像是要通往天空一樣的石頭階梯往上，就能一一拜訪。

9:00 **新宿バスタ**

JR 巴士上州ゆめぐり
2 小時 30 分
搭乘 9:05 班次，票價￥2600。

11:40 **伊香保溫泉BT**

步行
8 分
下車後走至八幡坂後左轉，沿著小路走到大黑屋本店向右轉即達。

12:00 **伊香保石段街**

步行
5 分
沿著石段街向上爬，至盡頭即達。

Day 1
遊逛石段溫泉街

位在新宿駅新南口。前往伊香保・草津溫泉的上州ゆめぐり在4樓C區發車。發車區可能因調度而有調整，上車前記得再三確認，以免錯過時刻！

Tips
若搭乘JR特急列車草津號，至渋川還得要換乘巴士。上野出發時間為 10:00、12:10 兩班次。假日加開 9:00。

位在伊香保纜車站附近，下車後可請下榻旅館前來接送，或是自行前往寄放行李，再輕裝遊逛伊香保溫泉。

Tips
若住宿點離石段街比較近的話，可以直接坐到石段街再下車。

深受竹久夢二等作家喜愛的❶**伊香保石段街**，隨時光推移也不斷整修，現在所見則是二〇一〇年所建，總共有365階，也象徵著365天都能溫泉客盈門、熱熱鬧鬧。從最底下的第一階開始，有著廣闊的廣場與溫泉出水

③ 河鹿橋

地址：群馬縣渋川市伊香保町伊香保
時間：自由參觀

這裡的四季景色各有特色，不論是春夏的新綠、秋季紅葉或者冬天的白雪，搭配上紅色太鼓橋，宛如畫龍點睛般，使景色更顯優美，尤其楓紅季節，會在此有夜間點燈，夜晚的投射燈照射在橋上更是美麗，且每隔幾分鐘燈光顏色就會變換，讓人可以欣賞到不同變換表情的夜楓美景。

② 伊香保神社

地址：群馬縣渋川市伊香保町伊香保2
電話：0279-72-2351
時間：自由參拜

西元 825 年所建造的伊香保神社，在上野國（其範圍約為現在的群馬縣）12 社中，居於富岡的貫前神社（一之宮）、赤城山的赤城神社（二之宮）之後，列為三之宮。其建於石段街的最頂端，充滿著莊嚴寧靜的氣氛，主要信奉的是大己貴命與少彥名命，為溫泉、醫療之神，這裡也有求子神社之稱。

14:00
伊香保神社

Tips
階梯內除了暗藏溫泉管路，沿途地面上設有12生肖的圖樣，也代表此處是溫泉旅館的所在地。

步行
6分
從神社再向上走，至何鹿橋左轉即達

Tips
秋天造訪伊香保，一定要來到這裡！紅色的河鹿橋與紅葉相映成趣，更顯其豔麗。

口；來到中段則可見溫泉在此分流的小滿口，溫泉在此被分流到各溫泉旅館去；很多人喜歡在清晨或是傍晚在此漫步，傍晚的店家雖陸續關門，但溫和的路燈亮起，讓這裡散發一股柔和的溫泉鄉魅力。

Tips
這一代是伊香保溫泉的精華地帶，建議可以在這裡找間喜歡的店家享用午餐，悠閒度過。

滿足了口腹之慾後，就沿著石段街繼續往上爬，慢慢散步來到**②伊香保神社**參拜，感受森林裡的靜謐氛圍。這座神社拜的是溫泉之神，踏上365階後進入神聖之地，向溫泉之神祈求健康與良緣。

參拜完後從神社後方的路繼續往上坡行走，在前往伊香保露天風呂途中就會經過一座紅色太鼓橋**③河鹿橋**，在自然悠閒、綠意滿佈的兩側林木掩蓋下，讓這座鮮紅色的河鹿橋，顯得特別引人注目。河鹿橋是這裡新建的橋，由來據說是過去曾經棲息在這條河流裡有種名叫河鹿蛙的青蛙，所以就將這條新橋取名為河鹿橋，現在漫步其間，似乎還真的能聽到蛙鳴呢。

5 伊香保關所

地址：群馬縣渋川市伊香保町伊香保34
時間：9:00~17:00
休日：第2、4個週二
價格：免費參觀

現今伊香保關所的建築是復原自 1631 年當時幕府所下令設置的伊香保關所。所謂「關所」是過去來往三國街道的路上所設置的關卡，就像現在的海關；伊香保關所裡面展示著當時留下來、管理來往旅行者的通行證、文獻、兵器等古物供遊客參觀，可以藉此了解當時來往伊香保旅人們的心情。

4 伊香保露天風呂

地址：群馬縣渋川市伊香保町伊香保湯本581-1
時間：9:00~18:00、10~3月10:00~18:00(入場至閉館前半小時) **休日**：每月第1、3個週四(遇假日營業)
價格：大人￥450、小孩￥200

這裡的泉水引自黃金之湯，浴池是男女分開的露天浴池，浴池都有水溫較熱或較溫兩種，可以選擇適合自己的溫度來泡。泡完湯也別忘順道參觀一下風呂外另外設置的源泉湧出口，你會發現在玻璃罩下水井噴發湧出的源泉卻是透明清澈，原來因此處的溫泉富含鐵質，遇到空氣才變金黃呢！

14:30 伊香保露天風呂

步行 7分

沿著原路走回伊香保神社，再向下走 1 分鐘，橫手館就在右手邊。

16:00 橫手館

伊香保溫泉街鄰近有3個公共溫泉，其中又以位於石段街最上端的4**伊香保露天風呂**最受歡迎。因為這個露天風呂位於源泉湧出口旁，也離繁華喧鬧的石段街有一點距離，周邊自然綠意圍繞，甚有秘境風呂之態。一陣散步後也流了些汗，就來泡個溫泉，好好放鬆一下身心吧！在這裡泡湯可以一邊呼吸著大自然森林的芬多精、一邊盡情享受黃金湯泉質優良的潤澤。要注意的是這裡並沒有免費提供毛巾，若自己忘了帶，也可以用三百日元購得。

Tips

伊香保露天風呂位在黃金湯(硫酸鹽溫泉)的源頭，泉質專治神經痛、肌肉酸痛、關節炎、動脈硬化、高血壓、慢性皮膚病、易著涼體質。

入住飯店後好好享受溫泉與會席料理。吃完飯後穿著浴衣、迎著暮色到石段街散散步，別有風情。

Day 2 榛名湖畔 神聖風情

6 舊夏威夷王國公使別邸

地址：群馬縣渋川市伊香保町伊香保32
時間：9:00~16:30，2樓只於週末、例假日、盂蘭盆節、夏威夷嘉年華期間開放
休日：週二(遇假日順延)、12月28日~1月4日
價格：免費參觀

這棟當地人稱之為「愛爾文別墅」的舊夏威夷王國公使別邸，昭和 60 年 (1985 年) 為日本移民夏威夷 100 週年紀念，群馬縣與伊香保町的文化保護委員會協定，將此建築作為史跡博物館開放參觀，裡面展示著當時駐日夏威夷王國代表 Robert Walker Irwin 的遺物以及當時遺留下來的資料與照片。

9:00 **橫手館**

步行 5分

出橫手館後左轉，第一個巷口右轉直走。

9:30 **伊香保關所**

步行 1分

順著石段街向上走即達

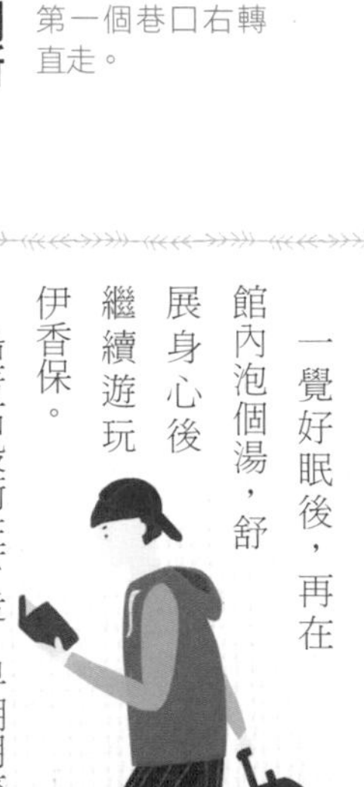

一覺好眠後，再在館內泡個湯，舒展身心後繼續遊玩伊香保。

沿著石段街往下走，早期用來管制出入人口的5**伊香保關所**就位在中段的階梯旁，有著四〇〇年古老歷史，古色古香的建築瞬間將此地的歷史氛圍推回江戶時代。早期要通過關所的人，都需要有「通行手形」，便是現代說的通行證，特別是對女人與槍炮的管制特別嚴格。在入口處有個人形看板，以江戶時代的武士為造形，是拍照留念的好地方。

而在不遠處的6**舊夏威夷王國公使別邸**是日本現存唯一一座夏威夷王國的建築物。木製建築與樹木相互融合，一到夏季更為涼爽。室內保存著許多夏威夷王國與日本交流的文書資料，連當時公使所使用的家具、餐盤等也都完整保存，重現往日風華。

7 諸國民藝 天手毬 (Tentemari)

電話：0279-72-2144
地址：群馬縣渋川市伊香保町伊香保72-6
時間：10:00~17:30；茶房てまり10:00~17:30
休日：週三

隱身於巷子裡的天手毬相當有氣氛，1 樓是咖啡店，感覺就像來到了英國的咖啡店，深咖啡色的木造家具擺設，店內感覺相當寧靜，可以品嘗店裡特製的烤起司蛋糕與咖啡。2 樓是手工藝品店，店內陳列著許多老闆走訪各地所收集到的工藝品，邀請顧客一起欣賞這些物品的素樸之美。

11:00 **諸國民藝天手毬**

步行
1分
石段街向下去即達

11:30 **石段街口巴士站**

搭乘群馬巴士
20分
搭乘 11:30 從伊香保 BT 發，11:35 到達石段街口的車次，票價￥840。

一早就走了不少路，不妨來到⑦**諸國民藝天手毬**附設的咖啡廳，好好的坐下來歇歇腿，吃點小東西填填肚子吧！這裡必點的招牌起司蛋糕，濃郁香氣與細緻口感讓人一吃難忘，配上一杯酸苦平衡的黑咖啡，十分享受。休息休息後，便可以回到飯店把行李打包好，準備搭乘巴士前往郊區遊玩囉！

前往榛名湖的巴士從伊香保BT發車後，約5分鐘內便會來到這裡。巴士時刻從8:30~15:30，約每隔兩小時運行一班。

8 榛名湖

地址：群馬縣高崎市榛名湖町
時間：自由參觀

榛名湖是日本群馬縣相當知名的景點，除了有美麗的自然風光，周邊鄰近伊香保溫泉區，十分值得遊客造訪，到此感受日本自然美景與療癒氣氛。每年冬季以榛名湖遊客休息中心為主的冬季燈節，也成為聖誕假期前後的熱門觀賞活動，50 萬盞 LED 燈在夜晚齊放，更有雷射燈光秀、暖呼呼的小吃野台攤位等，是許多情侶、親友夜間闔家造訪的推薦景點。

12:00

榛名湖

搭乘群馬巴士
10 分

搭乘 13:30 發車的群馬巴士，5 站即達。票價￥300。

Tips

來到這裡一定要搭上白鳥丸繞湖一週！從 1973 年就開始運行的觀光船，繞湖一圈 4 公里約 20 分鐘，並沒有固定發船時刻。時間 9:00~16:00，大人￥700。

榛名山山頂有火山湖⑧**榛名湖**，和以火山口山峰著稱的榛名富士，海拔 1390.3 公尺，優雅的山形與湖中倒影、夕照日出等變化也是許多攝影愛好者喜愛捕捉的風光。整個風景區享受自行車、纜車、遊湖船等各種交通工具的玩法；夏天是風和日麗的露營區，冬天湖面更變身溜冰場、釣魚場，讓遊客感受到榛名山的多重遊樂與享受。

Tips

雙龍門以四面門上的圓形龍紋而聞名，羽目板上還刻著三國志的故事情節。最值得一看的是天井上的昇龍與降龍，精細無比，喜愛日本建築的人一定會看得大大滿足。

9 榛名神社

地址：群馬縣高崎市榛名山町849
時間：自由參拜

位在群馬榛名山上的榛名神社是有 1400 多年歷史的古老神社，社內多處建築本社、国祖社、双龍門、神楽殿等已被指定為國家重要文化財產。佔地 15 公頃的神社之地，群山綠意環繞格外清幽且帶著原始魅力，也因非凡能量吸引女性前來祈願獲得良緣而知名。

13:40 **榛名神社**

群馬巴士
1 小時 10 分
搭乘開往高崎駅的群馬巴士，票價￥1120。

16:00 **高崎駅**

搭乘新幹線白鷹號
51 分
新幹線指定席票價￥5020。

17:00 **東京駅**

逛完榛名湖後，順道前往9**榛名神社**參拜，最後再回到高崎駅最是順路。榛名神社是群馬的賞楓勝地，包圍在樹林之中的神社展現出自然與建築的神奇能量，更被評為關東地區的首選能量景點。這裡可是個什麼都能許願的萬能神社呢！日本早期山岳信仰盛行，更認為這裡是所謂的龍穴，是天地之氣匯流之處，靈氣滿溢呀！有什麼願望，一次在這裡都向神明傾訴吧！

高崎市是群馬縣最大、也最熱鬧的城市。東口 E'site 商場 2 樓的「群馬いろは」搜羅群馬縣內的各式伴手禮，最後的採買就來這裡吧！

Tips

達摩鐵道便當以加入醬油調味的茶米飯為基本，再擺入各式群馬地產美味，像是山菜、雞肉、椎茸等近 12 種配菜，回程必吃！

❶流線型的新幹線十分帥氣 ❷來到榛明湖畔還有馬車可以搭乘，是許多遊客必玩的行程。 ❸&❺穿著裕衣逛石段街，是來到伊香保溫泉區一定要體驗的。 ❹溫泉石段街的小店裡有販售可愛的商品。 ❻搭乘公車前往榛名湖並不難 ❼逛累了就進到小店內休息喝杯茶，感受溫泉街的美食魅力。 ❽伊香保的溫泉 ❾高崎車站的吉祥物群馬醬。

來去住一晚

流傳千古的金湯之宿

橫手館

一九二〇年建築的四層樓本館在當時是非常稀少的，整個建築物都以檜木建造，走進玄關就可以聞到檜木的漂香，走上古色古香的樓梯，讓人想像著大正時期的繁華風貌還存留至今。

位在石段街上的橫手館建於大正九年(1920)，木造建築充滿溫度，百年歷史漂香不已，帶給人們伊香保的特有潤澤。在橫手館的本館可看到大大的木招牌，這是出自明治23年創立國民新聞報的德富蘇峰之手。該報在明治31年開始連載長篇小說「不如歸」將伊香保溫泉的聲名再推高峰。館內處處設置的掛軸、書畫，皆是出自明治時期眾家之手，文藝氣息之強，不負盛名。

新舊交融的舒適空間

全館可分為三部分：最老的西館房內構造採「書院造」延續早期的樣式，用襖隔開的兩間式空間，踏在榻榻米上彷彿回到過往，帶給人們無限遙想。可惜的是西館房內並無設有洗手間，需要與全樓層的人共用，較注重個人隱私的人在預訂時最好先提出房型的要求。

東館的房間則是在平成二十二年(2010)年改裝，設計特別著重在仿古情懷，將柱子、障子、欄間等設計融入房內，帶來和風摩登氣息，住起來更是舒適。除了西館與東館之外，別館常盤苑則為全新的鋼骨水泥建築，風格與木造的本造有一些不一樣，但日式溫

客房空間

客房空間沒有過多的裝潢，在簡單的擺設與配置中不難感受到其悠長的歷史。

福

橫手館

交通：伊香保溫泉巴士站徒步 5 分
地址：群馬縣渋川市伊香保町伊香保 11
電話：0279-72-3244
價格：一泊二食，每人￥11700 起
網址：www.yokotekan.com/

泉旅館的風格仍是十分足夠的。

私人獨享黃金溫泉

百年歷史的橫手館，溫泉當然是一絕。這裡引來的泉源為黃金湯，由於富含鐵質，泉源透明淡黃，但湧出後遇到空氣產生氧化，由黃澄通透的泉色轉為褐色，對於手腳冰冷的女性而言，是改善體質的「子寶之湯」（意即泡了容易受孕），自古便是「湯治」的盛行之地。不只如此，黃金湯對神經痛、關節痛、疲勞等都有極大功效。

這裡的浴池一直到三十多年前都還是保留著男女共浴的習慣，現今則是男女分開的兩大浴池，唯一不變的是「源泉掛流」（指溫泉水不循環利用，而是一直引入新鮮溫泉）的方式，讓湯客感受伊香保最優質的溫泉。還有，令人感激的是這裡還有三個可以獨立借用的家庭浴池，不必另外付費，一次約50分鐘，每個房客皆可預約使用，若是當天時段預約未滿，還可以重覆預約、延長時間呢！

木造老風情

木格窗戶營造出全館的高雅氛圍，橫手館的外觀是必看的建築重點。

精緻會席

總不會讓人失望、橫手館提供傳統的日式會席，讓人感受一期一會的美好味覺體驗。

窗外風景

到了夜晚，窗外的吊燈會點亮，為伊香保溫泉石段街帶來溫柔的光芒。

Other Choice | ホテル木暮

交通：伊香保溫泉巴士站徒步 5 分 **地址**：群馬縣渋川市伊香保町伊香保 135 **電話**：0279-72-2701 **價格**：一泊二食，每人￥16500 起 **網址**：www.hotel-kogure.com/

建造時期與石段街同時，當時的富豪木暮武太夫先生建立了木暮武太夫旅館，許多文學家、包括夏目漱石都喜愛來這裡住宿療養身體；黃金溫泉的源泉量有約 40% 為木暮飯店所有，是伊香保擁有最多溫泉量，也是附有最先進設備的飯店。

Other Choice | 岸權旅館

交通：伊香保溫泉巴士站徒步 1 分 **地址**：群馬縣渋川市伊香保町伊香保甲 48 **電話**：0279-72-3105 **價格**：一泊二食，每人￥14630 起 **網址**：www.kishigon.co.jp

岸權旅館從室町時代開業至今，位在石段街的中段位置，令人驚訝的是，岸權的源泉使用量占了伊香保溫泉的 10%，也因此在館內的大小總共 13 處的溫泉池，幾乎都是以流動的源泉提供給旅宿者，完全不回收再利用。

Other Choice | 千明仁泉亭

交通：伊香保溫泉巴士站徒步 5 分 **地址**：群馬縣渋川市伊香保町伊香保 45 **電話**：0279-72-3355 **價格**：一泊二食，每人￥20900 起 **網址**：jinsentei.com

千明仁泉旅館建於 1502 年，是伊香保首屈一指的老旅館，就連日本天皇家族對這裡都非常鍾情；日本文學家德富蘆花每次到伊香保都會投宿這裡，小說「不如歸」裡的美麗悽涼愛情故事，就是以千明仁泉旅館為背景。

Other Choice | 洋風旅館 PINON

交通：伊香保見晴下巴士站徒步 3 分 **地址**：群馬縣渋川市伊香保町伊香保 383 **電話**：0279-72-3308 **傳真**：0279-72-5800 **價格**：一泊二食，每人￥12000 **網址**：pinon.co.jp/

洋風旅館 PINON 是當地松本樓飯店的姊妹館， PINON 是以西式為主，外觀就像是英國的鄉村家屋，大廳裡的壁爐、英國風味的裝飾品，都讓人有身在英國的錯覺。這裡的餐點都是老闆娘為了客人健康，所精心設想出來的。

伊香保伴手禮

來到伊香保溫泉，當然一定要買最有名的溫泉饅頭回家與親朋好友分享。而在石段街兩旁的小店裡，也有許多日式和風小物，轉車的高崎駅也能買到不少群馬嚴選商品，不妨多利用。

水沢烏龍麵

大澤屋

群馬渋川市的名物「水沢烏龍麵」在伊香保地區也十分有名，與日本的讚岐烏龍麵、稲庭烏龍麵並稱三大。除了來到店內享用之外，也可以購買乾燥的麵條回家自己調理，店家很貼心連醬汁也一同包裝，讓人回家也能品嚐到最美滋味。

交通：搭乘群馬巴士至「水沢」站下車徒步 1 分 **電話**：0279-72-3295 **地址**：群馬縣渋川市伊香保町水沢 125-1 **時間**：10:00 ～ 16:00

白銀水嫩皂

民藝山白屋

使用伊香保「白銀之湯」溫泉水，搭配富岡養蠶生產蠶絲蛋白製作的肥皂，成分紮實，保濕清潔效果極佳，是造訪伊香保的女子們必買的聖品。這塊肥皂不但可以洗身體也能洗臉，如同泡完溫泉的觸感讓皮膚健康又水嫩。

交通：伊香保溫泉巴士站徒步約 5 分
電話：0279-72-2242
地址：群馬縣北群馬郡伊香保町伊香保 12
時間：10:00~18:00

頭文字 D 牛奶糖

マツザワ

來到榛名湖，許多動漫迷應該都會感到熟悉，這裡便是「頭文字 D」故事背景「秋名山」的參考地。而當地的土產店也都以此為宣傳，販售著漫畫中的車子造形的糖果、巧克力。頭文字 D 牛奶糖一盒約 80 克，較大的口感偏硬，愈嚼愈香，造型意義大過美味。

交通：榛名湖附近伴手禮店均售
地址：群馬縣高崎市榛名山町

蠶寶寶巧克力

丸エイ食品

群馬縣是養蠶王國，富岡地區製絲產業盛行，於是便有巧克力製造業者把腦筋動到養蠶上，生產出栩栩如生的蠶寶寶巧克力。雖然外表長得有點可怕，但嚐起來就像白巧克力與抹茶巧克力的綜合體，十分美味！

交通：高崎駅東口 E'site 群馬いろは
電話：027-321-0067
地址：群馬縣高崎市八島町 222 E'site 2F
時間：9:00~20:30，週日及假日 9:00~20:00

湯乃花饅頭

勝月堂

名叫湯花溫泉饅頭，因饅頭顏色是仿造湯花的茶褐色，便取為其名。茶褐色的饅頭皮有著濃濃的黑糖味，越嚼越香，北海道產的紅豆內餡口感綿密，懷舊滋味讓人無法忘懷。

交通：伊香保溫泉巴士站約徒步 10 分
電話：0279 72 2121
地址：群馬縣渋川市伊香保町伊香保 591-7
時間：9:00~18:00

一泊二日小旅行③

文藝益子 品生活之美

關東陶藝之鄉 體驗製陶文化

刺激度★★★

浪漫度★★★

交通便利度★★

文藝氣息★★★★★

益子以益子陶而聞名，城內坂就好像台灣的鶯歌陶瓷鎮一樣，聚集了許多專賣陶器的店鋪與飲食店。益子燒的歷史可追溯到一八五三年的江戶時代，一位陶工偶然發現益子一帶優良的土質，遂在益子築窯燒陶，發展至今共有三八〇座窯元，成為關東三大陶器產地之一，每年都吸引數十萬觀光客來益子購買陶器、體驗製陶文化。

除了賞陶買陶，益子的陶器街上還有幾家風格清新的咖啡廳和餐廳，店中的杯盤器皿都是使用益子燒，用樸實敦厚的陶器咖啡杯啜飲起咖啡來感覺格外有味道，各式美味料理裝盛在色澤沉穩的陶盤裡也顯得質感獨具，來到益子不但能來一趟陶藝之旅，還是場味覺的華麗饗宴呢！

悠遊益子小旅行

來到益子，應該要放慢腳步，慢慢遊玩。最好可以參加手作教室，像是陶藝、藍染等，藉由職人的指導體會這裡的工藝精神。而交通方面，來到這裡最適合的便是租車自駕了。由於各景點分散，且大眾交通並不健全，若要搭乘巴士的話就只能玩城內坂一帶，有點可惜。

交通指南

東京→益子

A 東京駅搭**東北新幹線**，至小山駅轉乘**JR水戶線**到下館，約1小時，￥3770。再換乘**真岡鐵道**，約46分，￥780，即可到益子。

B 東京駅搭**東北新幹線**至宇都宮駅，約52分，￥4490。在宇都宮駅西口轉乘「關東自動車」巴士，一天約10~12班次，只要約1小時15分即達益子，￥1170。

C 從秋葉原可以搭乘茨城交通的高速巴士**関東やきものライナー**，從秋葉原經笠間，直達益子。每天運行3班次，假日會增加一班。單程約2小時30分，￥4000。

註：秋葉原駅8:20往益子駅、益子駅16:00往秋葉原的車班為預約制，詳洽www.ibako.co.jp/highway/kasama/ticket.html

益子地區的巴士

關東自動車：連接宇都宮駅西口與益子駅的路線巴士。一天約10~12班次，單程1小時15分，￥1170。通常要前往益子町內的景點，大眾交通只能靠這班車。

真岡鐵道 SL

橫亙在下館和茂木之間的真岡鐵道，除了擔負著本地運輸交通外，也是關東鐵道中頗具人氣的一條，理由不外乎正是行駛在真岡鐵道上的SL蒸氣機關車。SL原則只在週末、例假日運行，一天來往各一班次。

區間：下館～茂木

時間：週末、例假日運行。下館10:35出發，茂木14:26出發

價格：下館～茂木￥1050+SL整理券￥500=￥1550。

1 森のレストラン

電話：0285-70-2223 **地址**：栃木縣芳賀郡益子町益子4037
時間：11:00~17:00，冬期(12~2月)11:00~16:30
休日：週五 **網址**：tougei.net/mori

由窯元よこやま所開設的森のレストラン，隱身在山林的小木屋裡，是城市人嚮往的心靈綠洲。豐富多樣的前菜已讓人食指大動。約九種豐富前菜可自行挑選（限一盤一次），主菜則有多樣肉品可以選擇，像是自製香腸與外酥內嫩的油封雞胸，搭配自家手工麵包，滿足到吮指回味。每日換菜色的義大利麵也十分美味，如果同行人數較多，不妨多點幾樣再分享食用。

8:20 **秋葉原駅**

搭乘関東やきものライナー
2小時30分
搭乘8:20班次，票價￥4000。此班次需要事前預約。

10:30 **益子駅**

開車
10分
經縣道41號即達

Day 1 開車自駕跑遍益子

有不少方式可以前往益子，搭乘新幹線不算便宜，坐一般車耗時又要換車、搬行李，不如就選擇搭乘直達巴士，輕鬆前往吧！車子在JR秋葉原駅前的巴士總站發車，先排先上制度，並沒有對號座，最好提前一點到。

Tips
電話預約：
029-3095381
窗口預約：
茨城交通的笠間業所
網站預約：
www.highwaybus.com

來到益子，由於町內的大眾交通不甚方便，今天就先租車玩周邊，跑遍山林的裡美景秘境。

Tips
若是不開車的話，可以至益子駅旁的觀光協會租借自行車，1日￥800，時間8:30~17:00。

❷ 窯元よこやま

電話：0285-72-9211
地址：栃木縣芳賀郡益子町益子3527-7 **時間**：9:00~17:00，體驗為預約制 **休日**：週一
網址：tougei.net/tougei

在陶藝體驗教室裡，大人小孩都能完成自己的手作陶藝夢。由專業老師指導，無論誰都能簡單完成自己的手拉坯作品，從開洞、調整厚度到創意塑形，力道的微妙輕重都考驗著新手，看著陶土逐漸在眾人巧手下成為一個個杯子、碗盤、花器，見證了從無到有的滿足，手作的樂趣和魅力莫過於此。

11:15

森のレストラン

Tips
餐廳內使用的器皿皆為正宗益子燒，可以趁機感受一下使用起來的手感，再至賣店挑選購買。

開車
2分
往回開即達

13:00

陶藝體驗教室 よこやま

開車
6分
往回開，至祖土ばいぱす通左轉即達

Tips
手拉坯、捏陶時段時段9:00～、10:00～、11:00～、13:00～、14:00～、15:00。

在益子永遠有美景相隨，農地才剛冒芽的綠色田間小路，背景是層層疊疊的濃豔秋色，停車後漫步前往目的地❶**森のレストラン**，準備享用午餐。還未走進，便先被森林木屋撫慰心靈。這裡的午餐採前菜自助取用，雖然只限拿一次，但9種菜色皆使用地產有機蔬食調理，各取一種便已經感到十分滿足。而主菜、甜點也是不讓人失望，帶有歐洲鄉村風的特色料理與森林氣氛十分搭，美味程度讓人一吃就上癮，一瞬間忘了身處日本。

來到陶藝重鎮，怎能不親手做一個屬於自己的陶器？吃飽飯後來到❷**窯元よこやま陶藝體驗教室**，親自體驗動手玩陶土的樂趣吧！工房設備與體驗項目十分齊全，初心者最推薦學習手捏陶的體驗。由工作人員先說明後，再親手將一團陶土捏成喜歡的器皿形狀，不工整但卻更有手感。若想要挑戰手拉坯，工作人員也會在旁細心指導，甚至幫忙塑形，最棒的是陶土能任意使用，即使失敗再多次也不怕！看到初坯完成的時候，很有化身職人的成就感呢！完成的作品會由工作人員整理、進窯燒製，通常寄送至手上要等1～2個月的時間。

4 窯元塚本

電話：0285-72-3223 **地址**：栃木縣芳賀郡益子町益子4264 **時間**：本館10:00~17:00 **休日**：週四
網址：tsukamoto.net/

塚本在益子已經有150多年歷史，以發揚益子燒為自任，在工廠改建觀光體驗設施，購物或娛樂都能滿足。塚本家的母屋曾改建成美術館，讓人可以在建自明治20年的老房子內細細品味與塚本相關的陶燒美術作品。現在在藝廊內同時展示了塚本家早期使用的器具，也展示了益子地區名匠作品，像是濱田庄司、河井寛次郎、芹沢銈介等，每樣都是珍寶。

3 濱田庄司記念益子参考館

電話：0285-72-5300 **地址**：栃木縣芳賀郡益子町益子3388 **時間**：9:30~17:00 **休日**：週一、年末年始、換展期間 **價格**：¥1000 **網址**：www.mashiko-sankokan.net/

記念日本人間國寶濱田庄司，將其宅邸改為博物館，館內三千多件作品，除了濱田庄司個人創作，也蒐集了來自亞洲中國、朝鮮、歐洲等世界各地的骨董陶器、手工藝品，這些都是濱田庄司為了鍛鍊自己的美學審美並作為創作時的重要研究參考。館內還可以一窺大師的工作場景，並參觀登窯，是認識益子燒的好去處。

14:30 濱田庄司記念益子参考館

開車 5分 經縣道230號即達

15:30 窯元塚本

開車 10分 經過城內坂轉縣道262號即達

17:00 益子館里山度假飯店

益子這座純樸小鎮與豐沛自然成了濱田庄司的創作基地，在傳統中不斷力求創新走出自我風格，他運用當地黏土製成溫潤厚實的茶色柿釉圓盤，以長柄杓上釉的獨特技法皆為後人稱道，並被譽為日本人間國寶。後代子孫濱田友緒也延續陶藝家之路，並將其宅邸和創作工房一部份改建為③**濱田庄司記念益子參考館**開放參觀。參考館是一座優雅古民家茅草屋，室內融入現代風格的空間，從改造到家具設計都不假手他人，原來用心打造的生活環境才是孕育美好作品和創造力源源不絕的解答。

走進益子最大窯戶④**窯元塚本**，複合式的經營，在一方土地上，益子燒窯元つかもと發展觀光客源，開啟本館、作家館、陶藝教室等設施，不只販售各式各樣能在日常生活中使用的益子燒作品，也欲推廣益子燒文化，以藝廊、美術館的方式展示名家作品，以美術的角度來看益子燒，更讓人手作陶藝。美術館內也設有茶房，若是累了渴了不妨坐下來休息一下。

看了一天的益子燒作品，晚上就到森林裡的度假飯店好好休息。

Tips
美術記念館平日只開到15:00，週末16:00，行程安排在下午可別太晚到。(暫時停業)

6 道之駅益子

地址：栃木縣芳賀郡益子町長堤2271 **時間**：9:00~18:00
休日：第2個週二 **網址**：m-mashiko.com/

以益子優雅山稜線為設計靈感，2016年十月中落成的道路休息站「道の駅ましこ」運用栃木縣杉木與益子產黏土打造土牆所建構的木質調空間，展現與周圍自然毫無違和的懷舊里山風景。除了在地新鮮蔬果，還有許多溫暖質樸的手工藝品。是開車前往益子的休息站，亦是離開前採買伴手禮與地產作物的好去處。

5 西明寺

地址：栃木縣芳賀郡益子町益子4469
時間：9:00~16:00 **網址**：fumon.jp/

西明寺為坂東20番札所，正式名稱為「獨鈷山普門院西明寺」。本堂供奉的為十一面觀音菩薩，本堂厨子、三重塔、樓門等皆為國家指定重要文化財。境內十分廣大，還設有「普門院診療所」、老人照護中心等，以醫濟世，令人尊崇。

Tips

寺內有一具大笑閻魔，據傳是五七日本尊地藏菩薩的化身，地藏菩薩為了解救蒼生而入地獄，但慈悲為懷的地藏菩薩不以怒目相視，就算化身閻魔亦笑臉盈盈。

9:00 **益子館里山度假飯店**

開車 5分
經縣道262號即達

10:00 **獨鈷山 西明寺**

開車 15分
縣道262號接257號即達

11:00 **道之駅益子**

開車 10分
走縣道257接國道294號右轉

Day 2 SL蒸氣火車復古風情

益子的空氣十分優質，早上起床享用完美味早餐後，就可以準備出門享受大自然的洗禮。

有人說⑤**獨鈷山 西明寺**美得令人屏息的楓紅仙境，是秋之女神的贈禮。剛好秋天造訪，當然要早起前來走走，賞賞美景。不像京都紅葉季時的人擠人，上午的西明寺氣氛悠閒，人潮不擁擠，拍照取景也更美麗。境內不大，樓門、三重塔等都被指定為重要文化財，建於室町時代，來到益子，除了益子燒之外，這裡也是不錯的散步好去處。

逛完西明寺後，不妨開車來到較遠的⑥**道之駅益子**。以益子山稜線為設計靈感，優美造型顯得神聖優美，這個益子的玄關瀰漫著讓旅人一眼就愛上的文藝氣息，除了新鮮蔬果、在地獨家農產品，牆面一字排開，風格多元卻有著同樣美好溫度的陶杯是益子燒自由的象徵。定期更換主題的展示廳則展現益子手工藝產業的蓬勃魅力，從衣物織品、陶器、玻璃、木工、鐵器等創作，職人精神在小小空間中完整體現。想要帶著最代表益子的伴手禮，來到這裡包準收穫連連。

8 日下田藍染工房

地址：栃木縣芳賀郡益子町城内坂1 **時間：**8:30~17:00
休日：週一

傳統藍染以植物蓼藍為原料，需經過一道道繁複發酵工序才能製成今日人們所熟知日本藍的染料，而為了順利發酵，藍甕溫度需維持在 20 至 25 度間，因此到了秋冬就得燃燒鋸木屑加熱保溫，也是這幅煙霧繚繞迷幻景象的由來。後方庭院裡正曝曬著各式圖樣，當各種色調的藍隨風起舞時，張開手彷彿徜徉在無邊際的藍天大海中，無比寧靜自在。

7 外池酒造店

地址：栃木縣芳賀郡益子町大字塙333-1
時間：9:00~17:00
網址：tonoike.jp

外池酒造店以獲獎無數的燦爛系列聞名，而近年來更發展觀光，開放酒藏見學，吸引許多人前來一探究竟。這裡的酒藏見學包含工作人員的導覽解說，也設置了拍照打卡點，讓人過過網紅癮。在賣店深處則有咖啡空間，可以品嚐酒粕蛋糕、名水咖啡等，就算不喜歡喝酒的人也會覺得驚奇。

11:30 **外池酒造店**

開車 **8分**

右轉國道 121 號接益子本通即達

Tips

除了酒製品之外，外池酒造店也開發了許多與酒相關的產品，像是人氣的「酒羊羹」加入大吟釀，有著實實在在的美味，就算不敢喝清酒也能品嚐美味。

12:30 **城內坂**

開車 **5分**

原路開至益子駅，還車後直接在益子駅搭乘火車。

創業八十年的⑦**外池酒造店**釀酒廠建築有著歷史洗練的古風，主打的日本清酒燦爛系列獲獎無數，入口滑順香氣馥郁，酒窖旁更設置了時尚咖啡廳，品酒之外，讓開車前來的客人還能一嚐釀酒水沖泡的咖啡，酒香咖啡香皆讓人心醉。

綿延約一公里的益子城內坂，讓人徹底浸淫在陶器創造的生活之美裡。陶器街中聚集了十幾家陶器販賣店，還有數座可就近參觀燒陶的窯廠，可以市價的七到八成買到質佳物美的陶器作品。

除了賞陶買陶，陶器街上還有幾家風格清新的咖啡廳和餐廳，複合式咖啡館 Moegi 本店以藝文展覽、陶器雜貨與咖啡甜點為主打，店中所用的杯盤器皿都是使用益子燒，

Tips

從真岡鐵道益子車站到益子燒窯元集中的陶器街觀光街道有路線巴士可達，用步行前往則要 25 分鐘的路程。

9 真岡鐵道 SL 蒸氣列車

地址：真岡鐵道各大車站 **時間：**9:00~18:00 **網址：**www.moka-railway.co.jp/

如果是重度鐵道迷，不妨搭乘真岡鐵道 SL 蒸氣火車到訪益子町。每逢六、日和例假日運行的 SL もおか號，行經秀麗田園風光，尤其春季時的櫻花雨、油菜花田更是美不勝收。黑得發亮的復古車身和蒸汽火車頭彷彿走入懷舊電影，孩子們眼神發亮雀躍地等待著發車那一刻，汽笛聲響徹雲霄，人們的情緒也跟著沸騰，隨著濃濃黑煙轉為白煙，我們也繼續踏上探險旅程。

Tips

SL 列車只在週末例假日才運行，早上由下館開往茂木，下午則是由茂木開回下館。下館 10:35 出發，茂木 14:26 出發。

15:01 益子駅

搭乘 SL もおか
55 分
15:01 從益子發車。益子→下館 ¥780+SL 整理券¥500。

15:56 下館駅

搭乘 JR 列車
2 小時
搭乘JR水戶線至小山駅，再轉宇都宮線即達。¥1694。

18:30 東京駅

Tips

益子陶器市從 1966 年起便年年在春、秋兩季舉辦，約有 500 多間店家一齊擺攤，十分熱鬧。春季場在黃金周，秋季場則在 11 月 3 日前後。

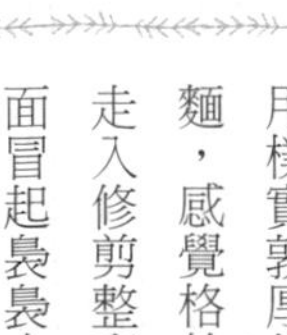

用樸實敦厚的陶器咖啡杯啜飲咖啡、吃烏龍麵，感覺格外有味道。吃飽後，沿著石頭路走入修剪整齊的日式庭園，古老茅草屋內地面冒起裊裊白煙，陽光灑落，光與煙交會出一幅迷離風景。自江戶時代創立，已有兩百多年歷史的❽**日下田藍染工房**保留了日本最傳統的藍染工法，光影中呈現深沉靛青色的72個藍甕是藍染的重要靈魂。不似化學染料的速成，草木染需耗費長時間手工反覆上色並仰賴職人技術和經驗，吃飽後來此散步見學，感受益子的另一種職人風景。

來到益子，怎麼可以不搭❾**真岡鐵道SL蒸氣列車**！早期有兩輛曾經服務於日本鐵道各線、超過50年以上歷史的「川俣號」和「水原號」列車，經過整理之後，在真岡鐵道以「SLもおか」之姿重新復活。搭乘SL列車除了基本車票外，還需要另外加購SL整理券，由於十分有人氣，最好事先預約，以免遇到人多時想坐也沒位置！

搭乘真岡鐵道到此站後，便可以轉乘JR列車返回東京。

❶道之駅益子的外觀以優雅的山稜線為設計靈感 ❷來到益子，到處都能買到美麗的陶燒作品，各家作品皆有些不同，不妨多比比看看。 ❸除了購買益子燒，也可以動手體驗陶藝。 ❹森林裡的窯燒麵包十分美味 ❺道之駅裡也有販售咖啡 ❻在祭典期間，還能在登窯看到難得一見的窯燒過程。 ❼使用天然染劑的藍染池需要 24 小時控溫，職人精神十分令人敬佩。 ❽日式老倉庫 ❾日本的可愛小店，十分吸引人。

再多玩一些

益子 窯元共販センター

交通：益子駅徒步 25 分 **地址：**栃木縣芳賀郡益子町大字益子 706-2 **電話：**0285-72-4444 **時間：**10:00~16:00 **網址：**www.mashikoyakikyouhan.jp

門前立著大大的陶製狸貓，這裡可謂是益子的地標象徵。這裡集合了益子燒的名家作品，從擺著看的裝飾品到日常用的杯碗，種類應有盡有。這裡亦舉辦益子燒作家個展，是想了解益子燒的入門地。這裡也販售益子的各式土產，並設置了餐廳與陶藝教室，若時間不多可以直接來這裡。

益子陶藝美術館

交通：益子駅徒步 25 分 **地址：**栃木縣芳賀郡益子町大字益子 3021 **電話：**0285-72-7555 **時間：**9:30~17:00(11 月 ~1 月至 16:00) **休日：**週一 **價格：**入館￥600 **網址：**www.mashiko-museum.jp/

益子陶藝美術館除了展示人類國寶已故濱田庄司的作品及與其淵源深厚的相關作品外，也展示益子當地創作者的優秀作品等。館區內並有移建至此的「舊濱田庄司宅邸」，並將濱田庄司生前愛用的登窯復原重建於宅邸前。而附設的沙龍則可以自己選擇喜愛的益子燒杯盤，享用美味咖啡、紅茶。

G+OO

交通：益子駅徒步 20 分 **地址：**栃木縣芳賀郡益子町城内坂 115 **電話：**0285-72-0098 **時 間：**10:00~17:00 **休日：**週三 **網址：**g-plus-mashiko.com/

漆著森林綠外牆的木屋「G+OO」是藝廊兼雜貨選物店，舒適溫暖的質感內裝，店主精選自己喜愛的各種季節性雜貨、飾品、文具到在地新銳陶藝家作品等，除了日系淡雅簡約風格也不乏許多色彩繽紛的雜貨，讓人不禁也想找個心儀小物，學習點綴生活。

來去住一晚

森林裡的悠悠湯遊

益子館里山度假飯店

許多人玩益子，只挑幾點景點，
當天就回到東京都心。
這樣實在可惜，不如選間飯店，
住一晚，泡泡溫泉、享用美食，
玩得更輕鬆、更在地、也更深刻。
益子館里山度假飯店雖然不是什麼有名的百年旅館，
但能入選日本旅館百選的實力，
親切服務與寬廣浴場、附泡湯池的房型等，
在益子算是數一數二的住宿景點。

益子館雖位於益子較偏郊區的地方，車程不到10分鐘便可抵達，但也因為這樣，四周環境清幽，蟲鳴鳥叫不絕於耳，彷若來到世外般，讓人心靜氣和。這裡的客室不斷在翻新，主要有日式客房、和洋式客房可供選擇，房內均配有簡約的設施用品可供客人使用，雖不豪華，但也足夠。

忘掉煩憂的森林溫泉

來到益子館，絕對不能錯過廣大的溫泉池。以里山為設計主題，室內風呂大量使用益子燒元素，像是大塚昌三製作的大型陶浴池、橫山由夫製作的茶壺形溫泉注水口等，無處不見旅館的用心。而戶外的露天池，亦以石壁瀑布營造山林氣氛，加上藤原郁三的邪鬼作品，增添風情。最特別的是在戶外露天池旁可看到陶枕，這也是出自藤原郁三之手，採用益子燒傳統釉藥「柿釉」燒成，圓滑弧度躺著泡湯更舒適。

益子燒澡盆

使用益子燒名家大塚昌三所製作的溫泉浴盆，讓人同時感受溫泉與陶藝品的潤澤觸感。

四季美景

打開窗，就能感受遠麗塵囂的自然美景。秋天紅葉季節更是一房難求。

舒適客房

不只有和室，沉穩的配色與協調的燈光，讓入住和洋室的客人也能感受日本的精緻體驗。

山海美食

選擇含餐食的方案，品嚐栃木當季最鮮的不同的美食，讓味蕾感受最在地的風味。

益子館里山度假飯店

交通：益子駅開車約 8-10 分即達
地址：栃木縣芳賀郡益子町益子 243-3
電話：0285-72-7777
時間：Check In15:00~，Check Out~10:00
價格：一泊二食，每人￥18502 起
網址：mashikokan.jp

女將樂團

每週六晚上，由女將領軍的現場樂團表演，讓現場氣氛 high 到最高點。

近年來，日本的各大溫泉地開始推行「粉紅緞帶運動」。一般的情況下，進入日本的溫泉浴池是不被允許包裹毛巾等的，但由於希望因為乳癌切除手術、其他重大手術而身體有傷痕的旅客也能安心地泡湯，特別開放，讓想遮掩傷口的旅客穿著專用的入浴著泡湯，此舉也受到各界推崇。當然若是不想泡大眾裸湯的話，部分較高級的客房內設有露天風呂，客人可以在此放鬆泡湯，消除旅途疲勞。館內還設有大小不同的宴會場及會議室、卡拉OK室等，可以滿足客人的需求。

女將樂團 Shine's

要說到益子館最特別的服務，便是每週六開催的樂團LIVE表演了。這個樂團成員來不說大不大，卻是十分特別！二〇〇九年時由女將領軍，帶領會長、課長、預約擔當等工作人員，拿起樂器粉墨登場。穿著和服的女將為鼓手兼主唱，帶領工作人員使出渾身解數，帶給住客更多歡笑，度過特別的夜晚。

益子館里山度假飯店也許並非關東最高級、最奢華的度假飯店，但不論在環境、服務、美食等都下足苦心，造訪益子時，不妨便前來感受益子的里山風情。

益子伴手禮

來到益子，以為只有陶器可以買嗎？當然陶器是一定要買的定番益子伴手禮，但結合當地農產、文化的商品也不在少數！商店集中在城內坂一帶，各大觀光景點也多附設伴手禮區，若不知道買什麼，走一趟道之駅益子保證收穫多多！

黍稈工藝
きびがら工房

栃木的黍稈工藝，是配合每年的十二生肖造型而作的鄉土玩具，發源地在栃木的鹿沼，早期以黍稈製成掃帚當作嫁妝，後來職人運用製作技巧，用手束成 12 生肖的可愛模樣，讓人感到療癒。

交通：道之駅益子可買到
地址：栃木縣芳賀郡益子町長堤 2271
時間：9:00~18:00

益子燒
城內坂

職人作品最講究手感溫度，益子燒正是展現此種溫澤的名品。整個益子町產業圍繞著益子燒，從製造業到觀光業，無處不見其踪影。除了一般工廠大量生產的產品外，作家作品更是值得購入。

交通：城內坂一帶店家眾多，可自由挑選
地址：栃木縣芳賀郡益子町城內坂

歐式漬菜
ぴ-Garden

以自然農法栽作、生產的新鮮蔬果，以最基本的工法製作成歐式漬菜，完全不加入人工添加物，最嚐得到益子自然的滋味。除了一般常見的黃瓜之外，小番茄、白花椰、綠番茄等季節蔬果製成漬菜也都十分美味！

交通：Moegi 本店、森のパン屋皆可買到
電話：0285-70-8111
地址：栃木縣芳賀郡益子町上大羽 2356
時間：10:30~17:00

草莓酒
外池酒造店

100% 使用栃木產的草莓「栃乙女」，搭配紅酒基底，喝起來酸酸甜甜，十分受女性歡迎。不只是單喝，加冰塊、兑汽泡水，兑牛奶喝可是行家才知道的獨門喝法。夏天也可以淋在刨冰上，超級享受。

交通：益子駅開車 5 分
電話：0285-72-0001
地址：栃木縣芳賀郡益子町大字塙 333-1
時間：9:00~17:00

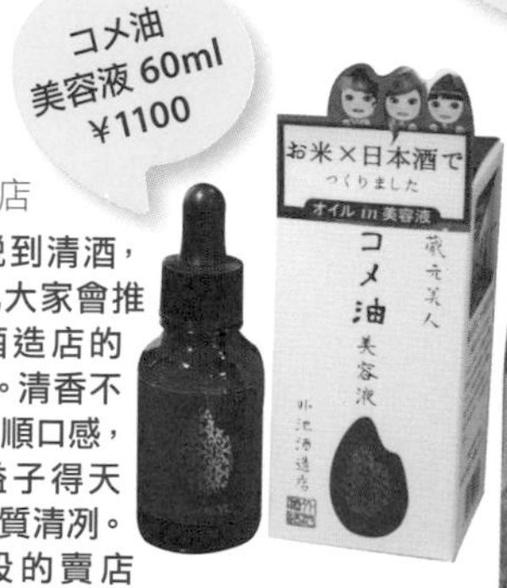

清酒
外池酒造店

在益子說到清酒，十之八九大家會推薦外池酒造店的「燦爛」。清香不刺喉的柔順口感，反應出益子得天獨厚的水質清冽。店裡併設的賣店裡除了有清酒之外，亦有保養品、益子燒製成的酒器，值得收藏。

交通：益子駅開車 5 分
電話：0285-72-0001
地址：栃木縣芳賀郡益子町大字塙 333-1
時間：9:00~17:00

一泊二日小旅行 4

伊豆下田黑船潮風

明治維新以來的度假勝地

刺激度★★★
浪漫度★★★★
交通便利度★★★★
歷史自然★★★★★

從東京車站搭乘特急踊り子號，約兩個半小時的車程，穿過隧道沿著海岸線前進，來到充滿海濱氣息的港都下田。下田位於伊豆半島最南端，在幕府時代末期美軍提督培里率領艦隊進入，也就是史稱的「黑船事件」，結束了日本長期以來的閉關自守，也使下田成為日本率先對外開放的港口。

現在造訪下田，不妨搭乘以當年美軍來襲的黑船為原型的遊覽船，在藍天碧海中巡遊下田港並餵食海鷗。臨著港口的水族館巧妙地以海灣作為腹地，將海豚表演場、水族館和相關遊憩設施連成一氣。若在春天造訪，河津町還有提早盛開的櫻花，吸引許多觀光客前往，感受早春初櫻帶來的幸福氣息。

伊豆下田小旅行

整個伊豆半島東部不只有下田，還有河津、伊東等處值得玩賞。這次行程便沿著伊豆半島的東半部安排，搭上行駛於半島東側的列車眺望美麗海景，品嚐新鮮的海產，沿路下車走走逛逛，這些都是伊豆旅遊的樂趣。

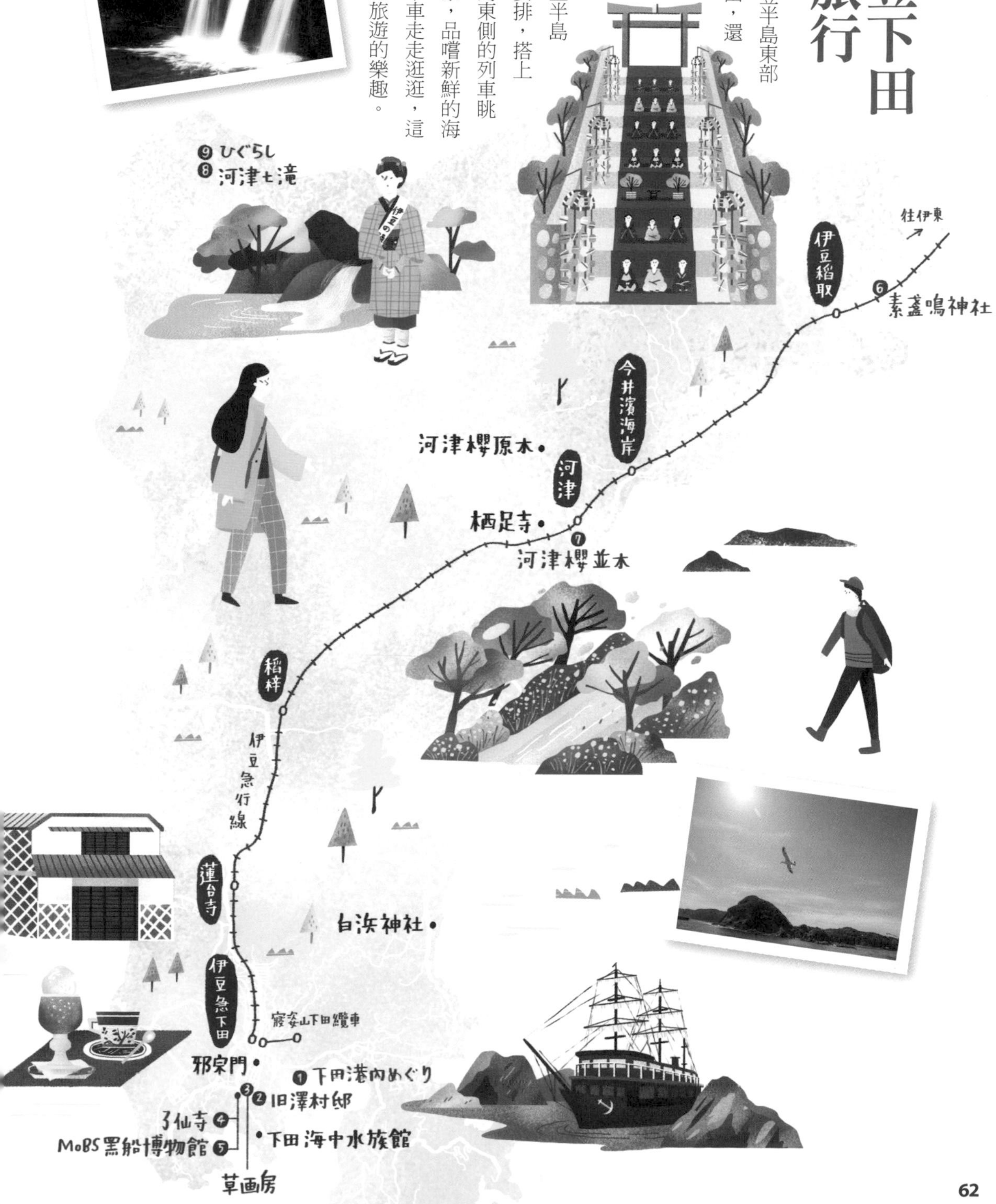

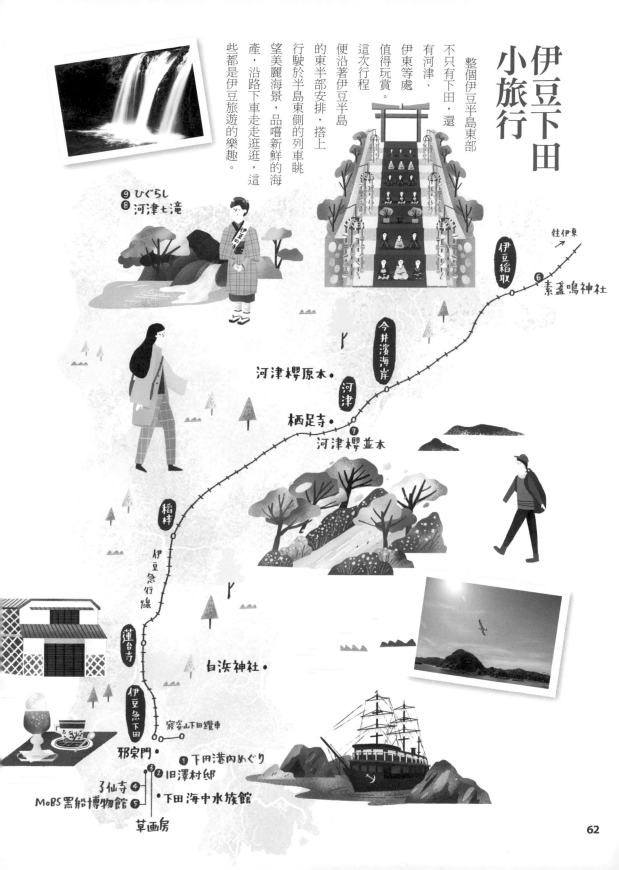

交通指南

東京→伊豆急下田

A 東京駅搭**特急「踊り子」**，即可直達伊東、伊豆高原、河津、伊豆急下田等大站。東京～伊豆急下田約2小時40分，¥6055。

B 前往河津七滝，可以在河津駅前搭乘前往「修善寺」的**東海巴士**，在河津七滝巴士站下車，約25分，¥610。

觀光列車 The Royal Express

由日本名車輛設計師水戶岡銳治打造，以充滿古典優雅風情的皇家藍為列車外觀主色，共八列車廂，附設餐車及可辦展覽及活動的多功能艙。

區間：橫浜～伊豆急下田

時間：不定期，詳情請見官網

票價：單程（附餐點）約¥39,000/人；2天1夜之旅，依住宿等級，約¥180000~265000 /人

網站：www.the-royalexpress.jp/

❶ 下田港內めぐり 黑船 SUSQUEHANNA

電話：0558-22-1151
地址：靜岡縣下田市外ヶ岡19
時間：9:10~15:30約30~40分1班，航程約20分
價格：大人￥1400、小孩￥700
網址：http://www.izu-kamori.jp/izu-cruise/

來到下田，一定要搭乘造型超有個性的黑船巡遊，每日有10~13班，氣派的帆船造型模仿當年美軍來襲的黑船，在下田港內相當引人注目，沿途可領略港町的天然風光，遠眺寢姿山、海岸街景，並參觀培里艦隊下錨的地方，在感受海景之美的同時，更可一探幕末開港的重要歷史舞台。

9:00 東京駅

搭乘特急踊り子
2小時49分

搭乘9:00班次，指定席票價￥6055。

11:49 伊豆急下田駅

東海巴士
3分

9號、10號乘車處搭乘東海巴士，至「道の駅開国下田みなと前」站徒步1分。票價￥170。

12:30 下田港

步行
15分

沿著下田港向下田公園方向散步

Tips
往這裡的東海巴士約30~60分才一班車，若抵達時段剛好沒車，不妨步行前往，只要15分即達。

Day 1 下田名勝滿喫之旅

Tips
除了東京之外，特急踊り子沿線亦經過品川、橫浜、小田原等地，可以依飯店所在地選擇出發點。

經過長途搭車，終於來到終點站了。下田不但是東伊豆鐵道的最終站，更充滿海洋風。一出車站，札口是個黑船造型，還有站內的旅遊中心、裡頭的服務人員穿著像船員，都讓旅客明顯感受到下田的海洋元素與歷史風情。

幕末日本開國以「黑船來航」為主要意象，什麼是黑船呢？百聞不如一見，第一站就直接衝來搭乘黑船巡遊下田港。❶**下田港內めぐり 黑船 SUSQUEHANNA** 超酷的外表，泊在港口時彷佛重現培里帶著美國軍登陸的場景，巨大帆船與黑色船身震撼人

③ 草画房

電話：0558-27-1123 **地址**：靜岡縣下田市3-14-6
時間：11:00~17:00 **休日**：週一至五(遇假日營業)

大正時代所建造的這棟古民家，以伊豆石所堆砌，據說以往是個妓女戶，如今由書法家重新妝點活化的這棟老建築，變身成氣氛優雅的咖啡館。店內除提供咖啡、手作甜點外，也販售手作陶瓷器具，喝咖啡也能走走看看，欣賞屋內各式書法、工藝與家具雕刻。

② 旧澤村邸

電話：0558-25-4600 **地址**：靜岡縣下田市3-16-10
時間：10:00~16:00 **休日**：週三

這棟位於培里之路起始點的旧澤村邸，因原本屬私人產權而一直保存良好，大正時代的建築、也被列為下田市指定歷史建築，澤村家將這棟建築捐給下田市後，2012年起開放給大眾免費參觀。內部除展示部分澤村家歷史，大部分空間則是提供建築空間賞析，後方的石造倉庫內則變成展示當地藝術家作品的空間。

Tips

海鼠壁是下田、松崎相當有特色的建築樣式。在牆面貼上平瓦片，瓦片之間以半圓形的水泥糊牢，可以達到防止房屋滲水的效果。由於模樣類似海參的疙瘩，因此就被叫做「海鼠壁」。

14:00

培里之路

步行
6分
沿著培里之路走到盡頭即達

Tips

5月中旬的週末從美國海軍的揭幕式開始，一連三天舉行熱鬧盛大活動黑船祭。包括開國市集、海上花火大會，最後由市民扮裝成培里艦隊與幕府巡遊下田。

Tips

搭乘黑船時也可以選擇進入2樓VIP展望室，享受更舒適的乘船空間。一人￥500。

心。登上船艙，一定要來到甲板上迎風賞景。黑船巡遊在下田港灣內，除了兩岸美景外，也可以眺望南伊豆遠景與弁天島，秋天到春天的時期還可以體驗餵食海鷗，只要￥100就可以購買飼料。除了下田港黑船巡遊之外，也可以選擇至伊豆半島最南端的石廊崎搭乘快艇欣賞海岸風景。

沿平滑川敷設的培里之路，擁有下田最優美的景致。石板舖成的散步道從港口一直延伸，沿途柳枝搖曳、流水淙淙，復古瓦斯燈營造出濃濃的往日情懷。據說這還是當時培里締結日美條約時所走的道路呢！來這裡散步時，別忘了於培里之路起始點的②**旧澤村邸**走走逛逛。這棟有著黑白格紋外觀的建築建於大正時期，最大的特色便是下田特有的建築形式「海鼠壁」，現在為下田市指定歷史建築。

走走拍拍照後，順著清淺的平滑川，跨越了數座復古小橋，來到對岸的歐風建築找尋咖啡店。途中不少販賣飾品雜貨的小店，五花八門的個性商品讓人忘卻時間。早期妓女戶變身優雅藝術咖啡館③**草画房**，沿河濱而設。咖啡及點心盤都是藝術家手作陶瓷，暖暖午後造訪，不管身心都有著溫潤感受。

5 MoBS 黑船博物館

電話：0558-22-2805 **地址**：靜岡縣下田市三丁目12-12
時間：8:30~17:00 **休日**：12/24~26
價格：大人￥500，小中高生￥250
網址：www.mobskurofune.com

美日雙方代表在了仙寺簽訂協定後，不僅改變了日本，也讓了仙寺成為下田重要的歷史見證地，許多重要歷史照片、文件等，包含下田歷史文物多達3000項，都收藏於此，另有劇場以中英日3種影片方式，讓不懂日語的人也能看得懂。

4 了仙寺

地址：靜岡縣下田市七軒町3-12-12
時間：自由參觀

了仙寺為下田的重要史蹟，因境內種植許多鴛鴦茉莉，所以又稱「茉莉寺」。江戶幕府與培里提督於嘉永7年(西元1854年)，在了仙寺的密室中，為釐定《神奈川條約》(又稱日美和親條約)的細則而簽署了下田條約，正式允許外國人得以在下田町內自由行動，自此改變了下田以及日本的歷史。

16:00 **了仙寺**

步行
11分
沿マイマイ通直行即達

17:00 **伊豆急下田駅**

伊豆急行
1小時11分
搭乘17:20發的伊豆急行線，至「伊東駅」下車步行10分即達。票價￥1645。

18:30 **界伊東**

Day 2 **河津櫻花與文學散步**

4 了仙寺位在培里之路的盡頭，這裡可是培里與德川幕府簽定條約的歷史名地。寺境內栽種了百株茉莉，每當綻放時夾道迎人，美不盛收。由於作為下田條約的簽定之地，這裡已經被列為國家史跡文化財，而改自其寶物殿的**5 MoBS黑船博物館**，展示了三千多件當時黑船開國的相關資料，搭配企劃展覽，娓娓道出下田黑船與幕府交手的過往歷史。當然，博物館附設的賣店也有許多復古的相關商品，千萬別錯過！

與下田駅一起完工的下田計時台，以伊豆特殊海鼠壁建築形式為特色，高聳的鐘塔，讓它一直以來是下田車站最醒目的地標建築。融合購物與餐廳、咖啡，是許多旅人離開下田前必訪的購物點。

雖然下田附近也有不少飯店，但來到東伊豆，怎麼能不到伊東溫泉泡一泡美人之湯呢！來到星野集團界伊東，純和風旅館享受美食，泡泡名泉，度過美好假期。

⑦ 河津櫻花祭

地址：靜岡縣賀茂郡河津町
時間：每年依花況不一，2023年為2月1日~2月28日
網址：www.kawazuzakura.net/

河津町不但是溫泉鄉、文學巨作伊豆舞孃的舞台，還是奇櫻河津櫻的故鄉，也是最近二、三年來，東京．關東地區人氣很旺的賞櫻點。河津櫻花形大，1 月中旬含苞，從 2 月直開到 3 月上旬，是所有櫻花種中壽命最長的。河津川畔河津櫻並木成排排列，櫻樹下黃澄澄的油菜花，煞是好看。櫻花祭期間屋台沿道路擺滿滿得，吃喝玩買都有。

⑥ 素盞嗚神社

地址：靜岡縣賀茂郡東伊豆町稲取15
時間：自由參拜，雛段參拜為每年2月底至3月初 10:30~15:00

創立於 1617 年的素盞嗚神社，祭祀的是除厄除病的素盞嗚尊，由於與牛頭天王共同被地方信仰，伊豆稻取的人常稱這座神社「天王さん」。現在的這裡則是以 2 月底至 3 月初的雛段裝飾而聞名。活動期間工作人員每天將雛人形擺在參道階梯上，共 118 層，為日本最大的雛段裝飾。

Tips
每年約在 2 月底至 3 月初舉行，可以搭配河津櫻季節造訪。

9:00 界伊東 → 伊豆急行 45分 → **10:55 伊豆稻取** → 伊豆急行 6分 → **12:00 河津** → 東海巴士 25分 →

界伊東 → 伊豆稻取（伊豆急行 45分）：伊東駅搭乘 10:03 發的伊豆急行線，至「伊豆稻取駅」下車步行 15 分即達。票價￥1205。

伊豆稻取 → 河津（伊豆急行 6分）：搭乘 11:42 發的伊豆急行線，至「河津駅」下車即達。票價￥220。

河津 →（東海巴士 25分）：搭乘往修善寺的巴士，至「河津七滝」站下車即達。票價￥610。

Tips
櫻花季時別忘了來栖足寺寫櫻花御朱印吧！期間限定十分珍貴。￥1000。

伊東溫泉區的早晨十分寧靜，起床逛逛界伊東的庭園後享用早餐，再泡泡湯，就可以出門遊玩了。

Tips
伊東駅前的商店街十分熱鬧，雖然一早開的店不多，搭車前可以來散散步，感受手泉的魅力。

造訪伊豆的最佳季節莫過河津櫻開放的時候了。若是剛好在3月女兒節造訪伊豆，從伊豆稻取出車站後，沿著道路向左走，爬上坡便會來到⑥**素盞嗚神社**。這裡可是以擺滿參道階梯的雛人形而聞名的！伊豆地區的雛人形文化本就比較特別，會將色彩豔麗的娃娃們串起，這通常是母親或奶奶親手縫製的。來到素盞嗚神社，滿滿的雛人形擺滿 118 階樓梯，十分壯觀！

伊豆半島年年是暖冬，從2月上旬起河津町川畔有7千株櫻花盛開，飽滿的河津櫻花形大輪而色澤深粉，異常地美豔，搭配黃澄澄的油菜花，色彩鮮明而豔麗。⑦**河津櫻花祭**每年都會湧入大批的觀光客。在浪漫的櫻花祭期間不但小吃、遊戲等攤位成排，還有夜間點燈的活動，伊豆舞孃也會出面迎客喔。

9 ひぐらし

電話：0558-36-8505 **地址**：靜岡縣賀茂郡河津町梨本1112-4 **時間**：11:00~16:00 **休日**：不定休
網址：7daru.com/

窩在古意盎然的老宅中，啜飲著店主自釀梅汁與紫蘇果汁，品嘗手工蛋糕，每個器皿和擺設都別有用心。廚房傳來柴燒氣味，使用老灶炊煮的釜飯與烤魚，濃厚滋味中蘊藏著機器所無法取代的深度。

8 河津七滝

地址：靜岡縣賀茂郡河津町梨本
時間：自由見學

河津七滝以步道串連，走完全程約 1 個半小時。一般遊客為省腳程，會從河津溫泉街的入口下至河谷，走一段大滝、滝瀧到初景滝之間的石疊步道，大致領略七滝各異其趣的水勢造型。初景滝沿路有數座真人大小，模擬《伊豆的舞孃》情景的塑像，生動地傳遞少年戀慕又壓抑的心情。

Tips

若還有時間，不妨造訪穿越天城山脈，現已廢棄不用的舊天城隧道。這條隧道完成於1905年，全長達446公尺，是小說《伊豆的舞孃》兩位主角相遇的舞台。

Tips

步道旁還設了「許願石」，花點小錢拿小鵝卵石向溪谷的巨石投擲，丟到頂端不落下，即可心想事成。

13:30 **河津七滝** ← 東海巴士 **25分** 往回搭往河津的巴士。票價¥610。

15:10 **河津** ← 特急踊り子 **2小時30分** 搭乘15:20發的「特急踊り子」。票價¥5803。

17:49 **東京駅**

要探訪川端康成名作《伊豆的舞孃》舞台，可以從河津町沿著國道135號前往天城岬，踏著過去舞孃的足跡，恍惚中彷彿重現當時的光景。河津到修善寺之間的天城地區，山巒起伏交錯，山谷曲折幽深，奔騰的瀑布與潺潺山澗交織成豐美的自然景色。小說當中，學生和舞孃走過的那段路，被暱稱為「舞孃步道」。河津川的瀑布眾多，**8 河津七滝**便位於「舞孃步道」的中段。最大的大滝高30公尺，寬7公尺。瀑布間的距離不遠，巡完七座瀑布大約只要一個半鐘頭。

從蟹瀧旁的小徑拾級而上，藏身在竹林間的**9 ひぐらし**，古老日式民宅中溢出裊裊炊煙，幽然靜謐的氣氛有如世外桃源。兩幢相連的小屋，同時是畫家中村武的個人美術館、咖啡店以及餐廳。不論是用餐或是下午茶，這裡的餐點都挺有水準的，推薦在在逛七滝的途中來這裡休息一下。

回到河津可別再逛了，要趕搭最後一班特急列車回東京市區了。

Tips

這是往東京方向最晚的一台特急列車，沒坐到的話就得搭普通車至熱海，再換新幹線。

❶櫻花季的河津，應景的櫻色鯛魚燒是人手一個的必吃小點。 ❷黑船造形的遊船，是來到下田的遊客必逛的首選行程。 ❸金目鯛不只是食物，更是下田記念品的特色。 ❹下田的最初開港地記念牌 ❺使用 JR PASS 玩遍伊豆半島 ❻下田的培里像 ❼搭乘列車玩伊豆最是舒適方便 ❽伊豆下田的邪宗門充滿民藝復古感 ❾品川車站的地上乘車標示 ❿在伊豆下田散步，隨處可見黑船開港的相關歷史。

來去住一晚

純日風古典溫泉庭園

星野集團 界伊東

伊豆半島是聞名日本的溫泉度假天堂，
得天獨厚的物產資源、溫暖舒適的氣候，
以及燦然盛開的四季花卉，使這裡一年到頭遊客不斷。
伊豆溫泉鄉範圍涵蓋整個伊豆半島，座落在東伊豆的伊東溫泉，
更在群山與海洋的環抱下，發展出熱鬧溫泉街。

老派旅館就像是越沉越香的好酒，原汁原味的日本風情，盡被濃縮在歷經百年歲月的建築之中。界伊東的前身為伊東溫泉最古老的溫泉旅館，在2018年全面翻修，加以伊豆半島的各式特色，將在地風情導入旅館，盡享優渥溫泉及伊東的四季變化。八種格局的客房就靜靜地座落在野趣十足的斜坡式庭園旁，入住其間能眺望庭園美景，感受日式旅館的舒適視野。

伊豆的花之曆

全館客房皆為當地特色客房「伊豆花曆之間」，並有最大容納八人的和式房，三代同堂的家庭入住也綽綽有餘。伊豆花曆之間內以木頭為主色調，內部的裝潢處處充滿和風情懷；搭配伊豆半島特殊的女兒節吊飾點綴出繽紛色彩，亦醞釀出雅緻祥和氣氛。館內精巧的日式造景、裝飾在玄關口如現代藝術般的小物等，都帶著伊東地區典雅柔和的含蓄美。

現代湯治

界伊東的溫泉湧量豐富，全館的風呂、足湯，甚至是室外泳池，皆為珍貴的「美人之湯」。入住界伊東，一定要泡泡大眾浴場。以大小岩石疊砌而成的露天風呂，點點椿花綴飾其中，雖無綺麗風光卻有滿天星空；冒著裊裊輕煙的室內大浴場，檜木造浴池讓人感到特別潤澤，溫泉是弱食鹽泉，泡完後帶給肌膚更多水潤光澤，尤其在寬敞的浴池中更能夠充分享受湯治的樂趣。

庭園足浴

面對斜坡庭園，這裡設置了足湯讓人可以邊泡足浴，邊欣賞亭園美景，徹底放鬆身心。

地產美食

伊豆半島的山海食材全都集中在餐桌上，推薦選擇火鍋料理，更能品嚐出淡雅美味。

專業親切的接客

星野界系列旅館不只硬體設施好，工作人員的軟性服務更是使人賓至如歸的關鍵。

星野集團 界伊東

交通：伊東駅徒步 10 分
地址：靜岡縣伊東市岡広町 2-21
電話：050-3134-8096
時間：Check In15:00~，Check Out~12:00
價格：一泊二食，每人￥24800 起
網址：https://hoshinoresorts.com/zh_tw/hotels/kaiito/

推薦入浴前可以到現代湯治房由工作人員介紹如何一邊泡湯一邊伸展，以提高溫泉療效。泡完湯後，再至休息室吃根冰棒、喝點地產飲料、熱茶，意猶未盡的人還可以邊泡足湯邊享受庭園風景。

專屬伊東的山茶花體驗

走在伊東溫泉街上，四處可見椿花綻放，椿花即是我們俗稱的山茶花。由於伊東沿海且氣候濕暖，十分適合栽種椿花，因此界伊東特別以椿花為主題，提供椿花「當地樂」活動，藉由動手實作，讓旅客更加了解住宿地的特色魅力。千萬不要錯過從椿花種子中萃取茶花油的體驗活動！椿花籽中榨出的油富含維生素E，據說能讓肌膚回春、對秀髮、指甲的光澤也很有功效。界伊東讓旅客實際操作榨油機，從椿花的解說到去硬殼、撥硬皮、榨油等皆仔細說明，讓人感受椿油的神奇，入浴洗臉後用來滋養肌膚剛剛好！

伊豆花之曆

以花曆為主題，木調的房內採和風摩登裝潢，沉穩氣質在在都展示著伊東的典雅柔和。

來去住一晚

無邊際海景溫泉宿

星野集團 界 Anjin

江戶時期，被稱為「藍眼武士」的威廉亞當斯(WILLIAM ADAMS)受德川幕府之命在伊東海岸設立造船場，並建造了日本第一艘巨大帆船。後來其在與西班牙的外交關係上盡了極大心力，於是德川家康大悅，封為武士，並賜名「三浦按針」。

外觀與裝潢採現代極簡風格，以大量的清水混凝土為建材，界Anjin不同於一般的日式溫泉旅館，營造出另類的視覺感受。其洗鍊的和風摩登設計帶來新意，彷彿告訴旅客，這趟溫泉之旅將會得到不一樣的感官體驗。

大航海浪漫時代

緊臨太平洋的界 Anjin 除了濃厚的藝術氣氛，加入了大航海旅行的靈感，揉和帆船的甲板、槳、舵等元素，無處不向三浦按針致

大廳空間

作為接客第一印象，界 Anjin 航海風格從大廳開始。別錯過晚上舉辦三浦按針的航海紀行活動。

啤酒無限暢飲

每天下午，在大浴場外提供啤酒無限暢飲，入住後不必跑遠，泡完湯後便能舒適地喝酒休息。

和洋摩登

每間客房皆能望向大海，和洋房型讓人感受界系列旅館的美好，充分享受東伊豆海景風光。

星野集團 界 Anjin

交通：伊東駅徒步 10 分
地址：靜岡縣伊東市渚町 5-12
電話：050-3134-8096
時間：Check In15:00~，Check Out~12:00
價格：一泊二食，每人￥23800 起
網址：https://hoshinoresorts.com/zh_tw/hotels/kaianjin/

頂樓露台

彷若巨大的帆船甲板空間，一望無際的東伊豆海岸，如同航行大海中般，美景令人沉醉。

敬。客房以洋室為主，洋溢著俐落的現代感，讓客人的心情也跟著輕快起來。每間客室皆為海景房，大片落地玻璃視野絕佳，可眺望東伊豆旖旎的海景風光。

頂樓的大浴場可以欣賞到隨著時間流轉而變換風貌的壯麗絕景，每天下午還有啤酒無限暢飲的時段，泡完湯後一定要來這裡休息、品嚐。而以三浦按針建造的第一艘帆船「San Buena Ventura」為名的戶外空間，彷若巨船甲板般，憑風而立，一望無際的水平線與和煦陽光，與三浦按針的大航海旅程才正要展開！

充滿人文的住宿體驗

來到界旅館，晚餐總是十分令人期待。取自英國下午茶的概念，界 Anjin 利用伊豆產食材，盛裝在三層午茶架上，而主菜的蒸魚更是結合英式料理手法，令人大開眼界。飯後來到大廳，精彩的故事正要上演。界 Anjin 的當地樂以講述三浦按針的航海紀行，而其與德川幕府的故事最是令人心醉。一旁的 Night Lounge 也提供幾樣基酒與果汁供人享用，微醺的夜晚就如同乘船般，輕輕搖著晃著，在最美的時光裡度過。

伊豆伴手禮

整個東伊豆的物產豐饒，且觀光景點眾多，每個地方都有自己的地產特色。來到下田、伊東等地，都別忘了逛逛在地小店或是車站的販賣部，會有意想不到的收穫。

下田果醬

計時台普論洞

這是由計時台普論洞所策劃販售的商品，果醬種類眾多，依季節會有不同口味，最受歡迎的有藍莓、番茄、柚子、夏柑等，也有全日本首次栽種成功的「香檳果 babaco」，每一款的原料都是由農家直送，且口味上不會太甜不會太酸，適合各年齡層食用。

交通：伊豆急下田駅前
電話：0558-22-1256
地址：靜岡縣下田市東本郷 1-5-2
時間：10:30~16:00

金目鯛加工品

伊豆山田屋

金目鯛是伊豆的特產，肉質細緻甘甜，紅色的外表十分討喜。除了可以在當地品嚐鮮魚，也有店家將其製成美味加工品，讓人將金目鯛的鮮美帶回家與親友分享。特別推薦這款，灑在飯上再倒入綠茶，美味日式茶泡飯便簡單完成！

交通：伊豆急下田駅前土特產店都買得到
電話：0557-23-2077
地址：靜岡縣賀茂郡東伊豆町大川 160-14

黑船列車鬧鐘

伊豆急下田駅

Resort21 電車，是伊豆急行最具代表性的運行車種，為了推廣觀光，特別將其塗成「黑船」與「金目鯛」兩種主題，是旅行伊豆時很常會坐到的列車。而伊豆急更以其為主題，製作了可愛的鬧鐘，吸引鐵道迷搶購。

交通：伊豆急行線各車站（伊東、伊豆大川、伊豆北川、稻梓除外）均售
時間：以售票口營業時間為準

紅豆麵包

平井製菓

美國外交官哈里斯 (Townsend Harris) 鍾愛牛乳，據說他遠洋抵日時，第一口日本牛乳便是在下田喝的。以哈里斯最愛的生奶製成的麵包，鬆鬆軟軟包著去皮紅豆餡與奶油醬，一口咬下超滿足！

交通：伊豆急下田駅步行 3 分
電話：0558-23-1973
地址：靜岡縣下田市 2-11-7
時間：9:00~19:00

保命酒

土藤商店

嚴格說起來，保命酒並不是伊豆生產的商品。這是江戶時代發源自瀨戶內海鞆の浦的一種藥酒，添加了 16 種草藥，亦是日本最古老的藥酒。培里艦隊來到下田時，在日美條約簽定時喝的便是這款酒，因而聲名大噪。培里的特別包裝只有在下田才買得到哦！

交通：伊豆急下田駅步行 10 分 **電話**：0558-22-0021
地址：靜岡縣下田市 3-6-30 **時間**：9:00~18:00

一泊二日小旅行 5

中華一番 橫浜海港風情

多彩多姿的港町日常 無拘東港都魅力

刺激度★★☆☆☆
浪漫度★★★★☆
交通便利度★★★★☆
港町散步★★★★★

橫浜是東京的外港，每日航運熱絡，不但有不輸東京的購物區及大型商場，在商船帶來的洋風薰陶下，一方面保存多元文化歷史本質，一方面又全力發展現代化，躍身成為東京灣的最大港。橫浜所散發的，是東京所沒有的港都魅力。無論是歷史悠久的山下公園或是仍屬進行式的港區未來21，無拘無束的海洋開放感和街頭隨處可見的歐風建築，都帶給人獨一無二的港都體驗。

橫浜的港區有許多代表性景色，很多人到了橫浜就想搭乘的摩天輪就位在港區。想要吃喝玩樂一網打盡，又顧及一家人可能不太相同的興趣，橫浜紅磚倉庫的多元設施十分符合這個需求。橫浜還有一條中華街，巨大的規模在全球唐人街裡名列前茅，吸引華人前來探訪。

悠遊橫浜小旅行

作為日本最大的國際貿易港，橫浜是一座非常繁華的城市，在商船帶來的洋風薰陶中，散發著獨樹一幟的港都魅力。利用港區未來線貫穿行程，中途散散步，玩完橫浜港的所有精華景點。

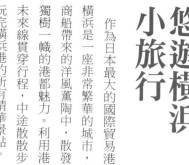

交通指南

東京→横浜

A 東京駅搭JR東海道線、横須賀線、京浜東北線、上野東京線可直達。東京～横浜約25分，￥480。

B 品川駅搭JR東海道線、横須賀線、京浜東北線、湘南新宿ライン、京浜急行線可直達。JR品川～横浜約17分，￥300。京浜急行線品川~横浜約17分，￥310。

C 渋谷駅搭東急東横線可達横浜，更會與港區未來線直通，直達元町・中華街。渋谷～横浜約27分，￥280。渋谷～元町・中華街約37分，￥500。

D 成田空港搭乘成田N'EX，約90分即達，￥4170。

E 羽田空港搭乘京浜急行線，約27分，￥364。

利木津巴士

A 成田空港→YCAT(Yokohama City Air terminal)，100分，￥3700。

B 羽田空港→YCAT(Yokohama City Air terminal)，30分，￥590。

C 羽田空港→赤レンガ倉庫，60分，￥750。

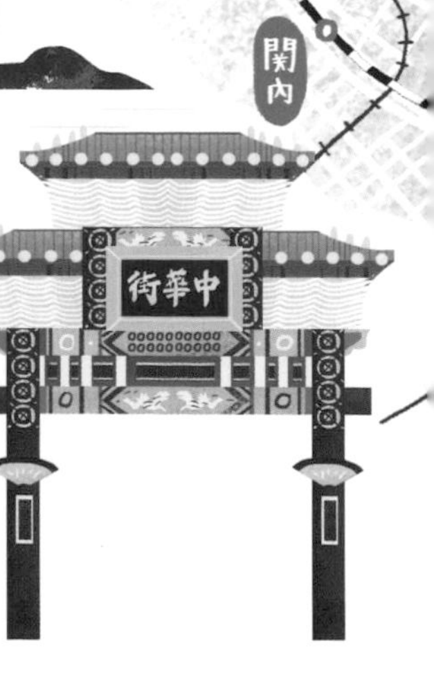

1 合味道紀念館

地址：神奈川縣橫浜市中區新港2-3-4
時間：10:00~18:00
休日：週二，遇列假日休週三，年末年始
價格：入館：大學生以上￥500，高中生以下免費
網址：www.cupnoodles-museum.jp

曾經有人對杯麵下了一個這麼樣的註解：「日本人發明了杯麵，改變了全世界的食文化。」發明杯麵的，正是日清食品集團的創始人安藤百福。繼大阪池田的泡麵博物館之後，日清更於 2011 年在橫浜新建了杯麵博物館，以「創造思考」為主題，介紹了泡麵與杯麵的發展歷程。

Tips

雞汁拉麵工廠中，可以動手蒸麵、炸麵，了解泡麵的製作過程。需要預留 90 分鐘才夠。中學生以上￥500。

10:00 渋谷駅

搭乘東急東橫線
32 分
與港區未來線直通運行，看清目的地可以任意搭乘，￥470。

10:40 みなとみらい駅

步行
5 分
沿著國際大通走即達

Day 1 迎海風 逛港區未來21

若想要直接坐到港區未來21、元町中華街的話，可以從渋谷駅搭乘東急東橫線。

Tips

地下鐵副都心線亦與港區未來線直接運行，從沿線車站就可以搭乘開往元町中華街的列車！超方便！

港區未來現代感高層建築比鄰並列，串聯出港灣都市的現代化。另一方面，保存開港時期的歷史建築讓這裡充滿新舊都市的對比景觀，現代化之餘，依然能讓人感受昔日的優雅風情。

一早抵達，先來❶**合味道紀念館**，了解改變人們飲食文化的杯麵歷史吧！來到日清開設的合味道紀念館，不但可以看到多樣資料展示之外，館內還有自己動手做泡麵及杯麵的專區，送給朋友的紀念品就是它啦！另外，來到以東南亞夜市做為範本的NOODLES BAZAAR，可以品嚐到來自世界8國的麵食，像是越南河粉、義大利麵、冬蔭麵、韓國冷麵等，完全體驗麵食的魅力。

③ 工廠夜景叢林遊船

電話：045-290-8377 **地址**：神奈川縣橫浜市中區新港1-1 ピア赤レンガ桟橋搭船 **時間**：每週末日落時分出發，航程約一個半小時 **價格**：成人￥5500，3歲~12歲未滿的兒童￥3300，皆附飲料一杯 **網址**：www.reservedcruise.com/fact

工廠夜景叢林遊船是 RESERVED CRUISE 公司旗下熱門航程：航程從橫浜紅磚倉庫群出發，地點是日本四大工場夜景之一的京浜工業地帶；沿途的經典場景有盤繞在大黑碼頭上空有如巨蛇一般的快速道路區，像是發光的桌上型醬油瓶的川崎天然瓦斯發電所，宛如橘紅色巨石光陣的東扇島儲油設施群 (Oil Terminal)，由煙囪、儲藏槽、廠房等各式建築連接而成的「光鎮」東亞石油製油所與昭和電工 ・ 大川町，以及宛如無機物光體巨獸蟄伏山頭的昭和電工 ・ 扇町。

② 橫浜紅磚倉庫

地址：神奈川縣橫浜市中區新港1-1
時間：1號館10:00~19:00、2號館11:00~20:00(依店家而異)
網址：www.yokohama-akarenga.jp

橫浜紅磚倉庫原本是橫浜港邊的舊倉庫群，建築於明治 44 年 (1911 年)，經巧手改築後，1 號館除作為展覽館之用，也進駐超過 10 家以上的橫浜原創品牌，2 號館則是商業用途，各類充滿海洋風味的繽紛雜貨以及時髦的咖啡廳，在充滿懷舊風情的紅磚空間內，每一家都有其獨特品味。

12:00

紅磚倉庫

步行
8分
一路順著山下公園通散步過去即達

Tips
這一帶四周商家並不算多，可以純粹享受橫浜港的海景和海風。

橫浜的港區有許多代表性景色，很多人到了橫浜就想搭乘的摩天輪就位在港區。想要吃喝玩樂一網打盡，又顧及一家人可能不太相同的興趣，橫浜②**紅磚倉庫**的多元設施十分符合這個需求。不妨來到這裡找合適的地點，成員各自活動再約好時間、地點集合，其實是家族旅遊可多利用的作法。

橫浜紅磚倉庫本是橫浜港邊的舊倉庫群，巧手改築後，洋溢歐風的紅磚倉庫成為橫浜最亮眼的建築之一。1號館是作為展覽館之用的文化設施，2號館屬於商業用途，各類充滿海洋風味的繽紛雜貨，時髦的咖啡廳、冰淇淋屋林立。紅磚倉庫旁的岸邊還停靠著海上觀光船，吃完也逛盡，想從海上體驗橫浜風情，可在此處搭乘觀光船，飽覽海港浜風光。推薦晚上可以搭乘③**工廠夜景叢林遊船**，從水上探訪橫浜工業區，工廠燈光在暗夜中閃閃發亮，十分夢幻。

④ 日本郵船冰川丸

地址：神奈川縣橫浜市中區山下町山下公園地先
時間：10:00~17:00(入館至16:30)
休日：週一(遇假日順延一天)、不定休
價格：大人￥300、小學生~高中生￥100

造訪過山下公園的人都會看到這艘停泊在橫浜港灣中的黑色大船，1930 年竣工、今年已超過 90 歲的冰川丸，過去為北太平洋航路的貨客運船，是在戰爭中唯一沒有沉沒的日本郵輪，之後提供作為船隻的歷史展示場。

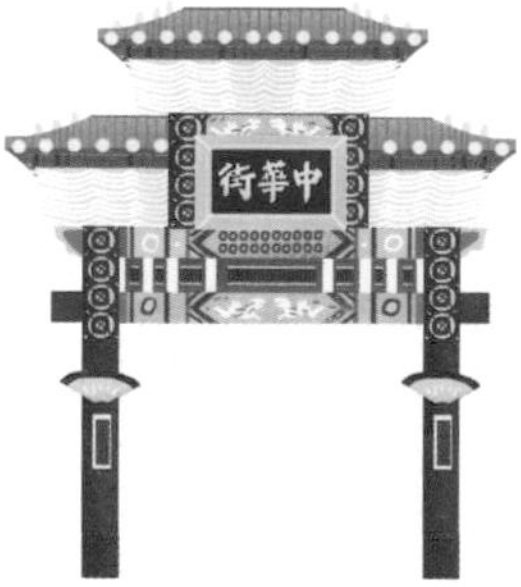

16:00 橫浜中華街

Tips
日本著名的童謠中，寫著橫浜有個紅鞋女孩的故事，在山下公園便設有一個望海的紅鞋小女孩銅像，等著人們造訪。

13:40 山下公園

步行
7分
從中華街大通至中華街東門即達

進入山下公園可看到一段突出於港灣的特殊地景風貌，正是橫浜港的出入口橫浜大棧橋國際客船中心，前往世界各地的郵輪皆由此出發。由英國建築團隊 f.o.a 所設計，一樓是出入境大廳，而最讓人流連忘返的則是藉著不斷延伸的木條地板，以郵輪甲板為意象規劃的眺望台，這也是一覽橫浜港全貌的最佳地點，除了港區未來的高樓群，還有橫浜港灣大橋的壯麗景觀，是橫浜最具傳統的觀光點。

而山下公園內除了「水的舞台」、「水的階梯」等造景外，順著海港也有完善的步道和休息設施，以及散置各處的雕像和碑文，例如穿紅鞋的小女孩、水的守護神。此外，也可以看到**④日本郵船冰川丸**，於二〇〇八年四月二十五日完成整修，開放內部參觀，可看到昭和時代的郵輪風華。

只要找到華麗的中國牌坊，橫浜中華街就到了。中華街上聚集數百家中國料理餐廳及中國風濃厚的雜貨店，菜系以日本人較熟悉的廣東料理為主，四川、北京、上海甚至台灣料理也都深受喜愛，偏近日本人口味的中國菜好壞見仁見智，邊走邊逛，體驗日本人眼中的中國風倒是別具趣味。不妨嚐嚐橫浜

⑥ 大佛次郎記念館

電話：045-622-5002
地址：神奈川縣橫浜市中區山手町113
時間：10:00~17:30，10~3月至17:00
休日：週一(遇假日順延)、年末年始、換展
價格：成人￥200
網址：osaragi.yafjp.org

橫浜出身的作家大佛次郎，從 20 歲開始出版作品直到 75 歲逝世前都還在寫作中，尤其作品不少以橫浜為舞台，展現他對家鄉的熱情。而他一生中也因曾經有過 500 隻貓咪而成為名符其實的貓奴，紀念館內展示不少他的著作、手稿、收藏以及重現其書房，甚至也有他的許多貓咪相關收藏物品與為貓咪創作的繪本等。

⑤ 橫浜博覽館

地址：神奈川縣橫浜市中區山下町145 **時間**：1F購物9:30~21:30，週五~六、例假日前夕9:30~22:00；2F點心麵工廠10:30~20:00，週六、例假日10:00~21:00；3F咖啡廳10:30~17:30，週六、例假日至18:30
網址：hakurankan.jp

橫浜博覽館 1 樓主要賣許多有橫浜特色的紀念商品，還有中式點心專賣店開華樓，2 樓則是台灣也吃得到的模範生點心麵（ベビースター）的小型工房，這裡可以買到各種口味的杯麵與剛炸好的點心麵。3 樓有咖啡廳、橫浜觀光案內所與露天庭園。

步行 6分
往山下公園方向走即達

19:00 Hotel New Grand

9:00 Hotel New Grand

步行 6分
沿水町通，越過市場通後即達

10:30 山手

搭乘みなとみらい線 5分
回到元町中華街駅，搭乘電車，￥190

中華街名物「肉包子」，超大的包子有各種日本限定、意想不到的口味。

別忘了來到⑤**橫浜博覽館**，仿造成廟宇的博覽館從入口就氣派十足，充滿熱鬧感的中華街氣氛，除了眾多賣場之外，樓上的點心麵工房好玩又好吃！

橫浜和洋中融合的風格十分強烈，而這正是間充滿歷史氛圍的飯店，逛累了回來休息，隔天再繼續至山手區散步。

Day 2 山手 異人館散步

迎著朝陽起床，就賴在窗邊好好享用西式早餐吧！

從港邊穿過喧鬧的中華街、逛過人潮擁擠的元町，沿著無數條緩坡而上，稍稍再走遠一些，就可以來到洋溢著異國風情味的山手地區。山手地區是過去橫浜開港時西洋人的居留地，至今仍有許多古老的洋館留存著。這裡保留的洋館雖然大多在關東震災中毀

❼ 橫浜地標塔

電話：045-222-5015、045-222-5030(SKY GARDEN)
地址：神奈川縣橫浜市西區みなとみらい2-2-1
時間：商店11:00~20:00、咖啡與餐廳11:00~22:00；SKY GARDEN 10:00~21:00(入場至20:30)，週六、隔天為假日的週日10:00~22:00(入場至21:30)
價格：SKY GARDEN￥1000
網址：www.yokohama-landmark.jp

「橫浜地標塔」為一座複合式建築，高度達296公尺，除了有聚集許多人氣品牌與餐廳的Landmark Tower Plaza、還有最頂級的Royal Park飯店，更可搭乘高速電梯直達69樓的空中花園展望台SKY GARDEN，360度的遼闊視野讓人心情舒暢，天氣晴朗時，甚至可遙望白雪冠頂的日本最高峰富士山。

Tips
如果時間夠的話，可以在天空花園69樓一面喝咖啡一面欣賞港區風景。

12:30
みなとみらい駅

步行
5分
沿著みなとみらい大通前即達

13:30
日本丸紀念公園

Tips
以大佛次郎著作「霧迪」為名的文學味咖啡館，裡面也陳列不少貓飾品。

壞，但從現存的建築中，仍不難看出當時生活的古典與精緻。來到這裡，不妨造訪❻**大佛次郎記念館**，隨著名作家的腳步，感受橫浜山與海的文學滋養。逛完山手區後也可以在山腳下的元町商店街購物、享受美食。

港區未來21是一個以新世紀為指標而開發的臨海地區，高層建築比鄰並列，從飯店、餐廳到購物中心，複合式的商業型態讓每一棟都自成一個滿足各種生活娛樂的小世界，也共同串聯出橫浜的現代感。在各種獨特造型建築大樓中，最引人目光停留的，便是❼**橫浜地標塔大樓**，高296公尺，是目前日本最高的大樓，也真的是橫浜的地標。橫浜的地標塔地區包含地標塔大樓、旁邊的購物中心Landmark Plaza廣場，以及周邊的船塢花園及休憩綠地等。

位於69樓、高度273公尺的天空花園，區分為東南、西南、東北和西北等四個方向，可以讓人盡享360度的美景。

橫浜是日本第一大港，當然少不了一座介紹海港與船隻的博物館，在日本丸紀念公園

⑨ 原鐵道模型博物館

地址：神奈川縣横浜市西區高島1-1-2 横浜三井ビルディング2F **時間**：10:00~17:00(最後入場至16:30)
休日：週二、週三 **價格**：￥1000
網址：www.hara-mrm.com

2012年開幕的原鐵道模型博物館，選在日本鐵道的發祥地——橫浜建造，館內展示著企業家原信太郎收藏、製作的鐵道模型品；從最古老的蒸氣機關車開始，到近代的電氣機關車，原信太郎的收藏可以說是順著歷史軌跡，跨越了時空，讓人身在橫浜，卻能玩賞世界鐵道。

⑧ 水陸兩用巴士 Sky Duck

電話：03-3215-0008 **地址**：神奈川縣横浜市西區港區未來2-1-1 日本丸紀念公園 **時間**：全程60分鐘，依季節調整運行時間 **價格**：大人￥3500、小孩￥1700
網址：www.skybus.jp

搭乘水陸兩用巴士「Sky Duck」，體驗最新遊玩橫浜的方法，全程60分鐘(路上20分鐘、水上40分鐘)，過程中會經過橫浜地標塔、紅磚倉庫、橫浜三塔、摩天輪、萬國橋等地標，一次的載客量為46人。雖然目前只有日文導覽人員，但看著眼前海景以及從海上遠眺建築的各個角度，也有不同的旅行氣氛。

19:00 東京駅 ← JR 東海道本線 **27分** ← **16:00 橫浜駅** ← 搭乘みなとみらい線 **3分**

搭乘JR普通列車，不用半小時即達。票價￥480。

回みなとみらい駅，搭乘電車，￥190

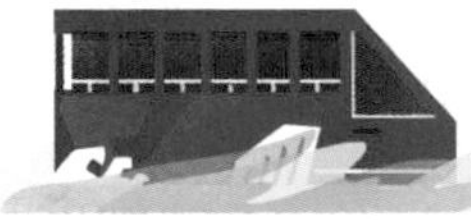

這裡除了展示橫浜海事博物館外，在這裡還可以搭乘⑧**水陸兩用巴士 Sky Duck**，從海上可欣賞海港、橫浜三塔與臨近新穎現代大樓形成的衝突美感。路上運行途中會經過警察署，導覽人員說大樓總高110米，是因要和警察報案電話110一致而設計的。當衝進港裡變成船時，常會有海鷗接近，有時海鷗會站在棚子上休息，透過棚子可以看到牠們可愛的腳丫形狀。

Tips

乘坐時會發送一個鴨子口哨紀念品，用途是在下水時一起吹響發出鴨子聲，有趣又好玩。

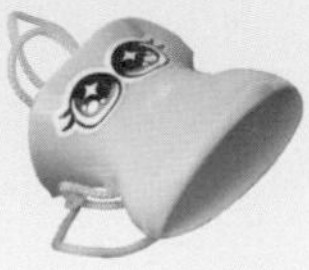

橫浜駅東口有SOGO、OIOICITY、LUMINE、地下街PORTA和BAY QUARTER等百貨，通通都與車站連結。西口則有高島屋、CIAL等百貨和大型電器量販店YODOBASHI CAMERA、Bic Camera和TOKYU HANDS等購物地。離開之前，就順道來⑨**原鐵道模型博物館**欣賞最精密的縮小比例火車模型、最有趣的實景鐵道模型，每一個角落都會讓鐵道迷為之瘋狂！

❶搭乘往返橫浜駅與港區 21 的交通船 sea bass，順道遊覽海上風情。 ❷港區 21 一帶商業區建築林立綠意滿點，遊逛其間十分舒適。 ❸山下公園的象鼻冰淇淋可愛又好吃 ❹ & ❻山下公園內有許多海鷗 ❺挑高的商場空間是橫浜一帶的特色 ❼來中華街感受台灣沒有的華人熱力 ❽橫浜的咖啡廳也不少，逛街累了不妨找間喜歡的店休息。 ❾原鐵道模型博物館可以近距離欣賞精細的火車模型。

再多玩一些

橫浜中央卸売市場

交通：橫浜駅步行 20 分鐘，或可在橫浜駅東口巴士站 4 號乘車處搭乘市營公車 48「中央市場前」下車。 **地址**：神奈川縣橫浜市神奈川區山內町 1-1 **時間**：每個月第一、三個週六（魚市場參觀日） **休日**：週日、假日，或是週三不定休 **網址**：www.city.yokohama.lg.jp/keizai/shogyo/orosi/

建立於 1931 年的「橫浜中央卸売市場」，是日本第三悠久、關東地區第一個大型綜合市場，佔地面積約 98 萬平方公尺，主以販售海鮮、蔬果、雞肉、雞蛋等。這裡可以買到新鮮的海鮮外，在第一、三個週六的市場參觀日可以參與像是料理教室、鮪魚解體秀，或是超人氣的參觀超低溫冷藏庫的市場探險之旅。

野毛小路

交通：櫻木町駅徒步約 5 分、或京浜急行日ノ出町駅徒步約 5 分
地址：神奈川縣橫浜市野毛町
時間：15:00~ 凌晨

位在 JR 櫻木町駅南口野毛町的「野毛小路」，在過去的印象中是大叔們最喜歡喝酒的區域，因此聚集眾多居酒屋或是風俗店；但現在的野毛小路搖身一變，成為年輕人最愛造訪的地方，也是女子会的首選地點之一。野毛小路裡有近 600 間店家，因客源逐漸年輕化而開始進駐新潮時髦的居酒屋，大部份店家下午 4 點後開始營業。

Helicopter Night Cruising

交通：みなとみらい線みなとみらい駅徒步約 15 分 **電話**：045-223-1155 **地址**：神奈川縣橫浜市西區みなとみらい 1-7 **休日**：週一～四 **價格**：日落前後 5 分行程 (QUEEN)、日落後 5 分行程 (KING) ￥30800(最多三名乘客) **網址**：www.skycruise.jp/course

坐在飛行高度 600 公尺的直昇機上，飛越港灣大橋、港區未來 21，享受美輪美奐的港灣夜景，唯有飛行橫浜港灣的直昇機能夠實現浪漫夢想；晴空下富士山也清晰可見，日落時間望著太陽緩緩落入海平面的那一剎那，只有說不出的感動。

MARK is

交通：みなとみらい線みなとみらい駅直結
電話：045-224-0650
地址：神奈川縣横浜市西區みなとみらい 3-5-1
時間：商店 10:00~20:00，週末例假日、例假日前一天 10:00~21:00；餐廳 11:00~23:00
網址：www.mec-markis.jp/mm

MARK is 以「MARK is here」發想命名，希望塑造新的生活方式，與當地居民一同努力成長，為這城市盡一份心力，進而成為横浜幸福地標。B4~6 樓佔地寬廣的賣場，有 I feeling 透過刺激耳朵穴道讓身體放鬆，也有中式餐廳福満園可品嘗中華料理，還有可體驗農場種植樂趣的空中庭園。

横浜 Cosmo World

交通：みなとみらい線みなとみらい駅 5 號出口徒步 5 分 **電話**：045-641-6591 **地址**：神奈川縣横浜市中區新港 2-8-1 **時間**：依日期而異，11:00~20:00(最晚至 22:00)，詳細時間請洽詢網站 **價格**：免費入園，價格依設施而異，摩天輪￥900，雲霄飛車￥800 **網址**：cosmoworld.jp

造訪横浜絕對不能錯過的就是那標示著時刻的摩天輪，高度約 113 公尺，搭乘一次約需 15 分鐘，可悠閒眺望日夜不同的景觀。横浜 Cosmo World 樂園內共有 27 項遊樂設施，而圍繞著摩天輪高低起伏，還會直接衝入水面的雲霄飛車更是讓人驚聲尖叫。無論是在一旁觀看或親身體驗，都能感受到歡樂氣氛。

日本郵船歷史博物館

交通：みなとみらい線馬車道駅 6 號出口徒步 2 分 **地址：**神奈川縣橫浜市中區海岸通 3-9 **時間：**10:00~17:00(入館 ~16:30) **休日：**週一、不定休、年末年始 **價格：**大人￥400 **網址：**www.nyk.com/rekishi

展示日本明治時期以後，搭載人、貨物及文化的船隻，其航線從日本延伸向世界的歷史。建築物過去是海運公司日本郵務船的橫浜分公司，充滿著藝術與古意，吸引許多遊客留影紀念，博物館內則可以欣賞到 1920 年代豪華客輪之巨大模型與紀錄影片。

皇后廣場

交通：みなとみらい線みなとみらい駅 5 號出口徒步即達 **電話：**045-682-1000 **地址：**神奈川縣橫浜市西區みなとみらい 2-3 **時間：**商店 11:00~20:00、餐廳 11:00~22:00(部分依店家而異) **網址：**www.qsy-tqc.jp

「皇后廣場」屬於大型的複合式購物中心，從港區未來車站可直通地下 3 樓，交通相當便捷，除了購物與餐飲聚集外也有飯店、演藝廳。這裡從流行時尚到生活雜貨、運動用品，來自世界各地的精品服飾、美容化妝品牌，應有盡有；而讓人印象深刻的公共藝術，成了許多人約會等候的指定場所。

萬葉俱樂部

交通：みなとみらい線みなとみらい駅 5 號出口徒步 5 分 **地址：**神奈川縣橫浜市中區新港 2-7-1 **電話：**0570-07-4126 **時間：**24 小時 **價格：**大人￥2750，小學生￥1540，3 歲以上￥1040，3 歲以下免費(含入館費、浴衣、浴巾、毛巾) **網址：**www.manyo.co.jp/mm21

從熱海和湯河原運來熱呼呼的天然溫泉，萬葉俱樂部硬是在橫浜最熱鬧的港區未來 21，打造出 8 層樓高的溫泉樂園，具有舒緩肌肉痛、慢性皮膚病等症狀的功效。館內共提供了 3 種風呂，10 種 SPA 療程，另外還有餐廳、小吃。頂樓的展望足湯庭園可以欣賞到大摩天輪，視野與浪漫度都是一百分。

來去住一晚

紀錄橫浜過往風華的優雅飯店

HOTEL NEW GRAND

坐落在山下公園旁的老派飯店，
鄰近中華街外，更日夜都能欣賞山下公園與海港美景。
飯店歷史可追逆至一九二七年，
而一九九一年一旁新增建的飯店別館，
延續主樓優雅風格，高樓層的客房、餐廳，
更能把遠端的港區21一帶日夜浪漫美景盡收眼底。

關東大震災後，作為復興建設的一環，新格蘭堂堂建立，亦成為橫浜的地標象徵。飯店由與東京國立博物館主館、銀座和光同一位設計師渡辺仁所設計，主樓採帝冠樣式，古典華麗，充滿西洋風情，入住其中彷彿入住西洋城堡，歐式風情中卻又感受得到日式的服務精神，不但氣氛溫馨且處處貼心。由於歷史悠久，館內歷經多次翻修，以新式客房迎接旅客，讓人賓至如歸。

充滿歷史的光華年代

翻開新格蘭飯店從開幕至今的歷史，宛如看見風華綽約的昭和至大正時期，正是橫浜最華麗的年代。優雅的細部設計與歷史價值，也被橫浜市認定為歷史建築。

飯店自一九二七年開幕以來，不只是橫浜最豪華飯店，更是全日本最重要的飯店之一，歷經冠蓋雲集的風華，曾接待過麥克阿瑟元帥、卓別林、貝比·魯斯等許多世界著名人物外，連橫浜出身的知名作家大佛次郎都曾在此住了10年當作工作室，創作出許多膾炙人口的作品。

西式早餐

來到充滿洋風的橫浜，伴著窗外港景，在飯店來一份西式早餐成為開啟一天的定番儀式。

港町風景

位在塔館的面港房間，從窗戶就可以將海天景色納入房內，是許多人入住時的指定房型。

雅致客房空間

每一個房間皆以西式古典為主調，營造出不同於日常卻又舒適的居遊空間。

HOTEL NEW GRAND

交通：みなとみらい線元町・中華街駅 1 號出口徒步 2 分
地址：神奈川縣横浜市中區山下町 10 番地
電話：045-681-1841
時間：Check-in 14:00，Check-out 11:00
價格：單人房￥27000 起
網址：hotel-newgrand.co.jp

古典華麗裝潢

優雅的細部設計充滿歷史價值，就像入住古蹟一樣，每個角落都十分精彩。

本館充滿厚重的歷史，順著大階梯步上二樓大廳，時光彷彿停留在大正時代的異國情緒裡，沉穩典雅的歐洲風格氛圍充斥魅力，也常成為電影戲劇等的取景地。而在古典的本館之後，有新建的高塔大樓，稱為塔館，作為主要客房、餐廳、宴會場等使用，大大的觀景窗，將日夜海港景緻及遠端港區大樓美景全收入眼底。橫浜海灣大橋、大棧橋、港區未來地區的夜景等，皆是令人心醉。

定番洋食發源地

再說到飯店美食，開業初始由法國主廚帶來正宗法國料理，尤其海鮮焗飯、拿坡里義大利麵、水果布丁等最初都出自於新格蘭飯店，再傳播至日本各地，影響日本飲食文化，想一嘗這些美味，主建築一樓的咖啡館就是最佳賞味處。隔天早上起床後可別錯過優雅的早餐時光，就在邊欣賞港灣風景的舒適氛圍中享用主廚精心製作的蛋包、咖哩飯等，感到滿足又美味。

横浜伴手禮

横浜無處不精彩，不只購物中心林立，各個設施的記念品店更是種類多元，十分豐富。遊逛其間不要忘了順便採買，尤其是紅磚倉庫與中華街，什麼都有什麼都賣什麼都不奇怪！

日清周邊小物

合味道紀念館

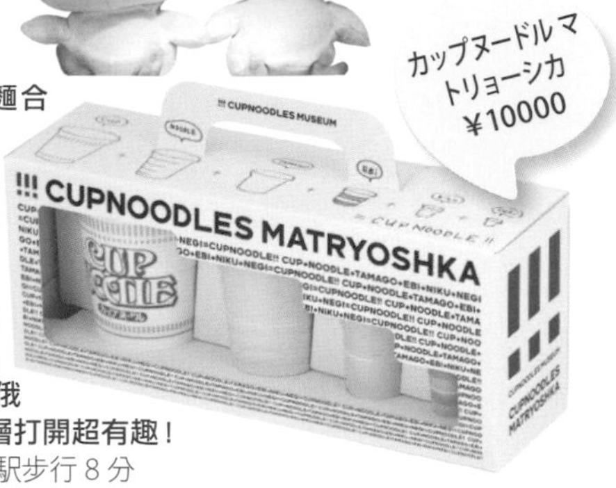

來到日清開設的杯麵合味道紀念館，一定要逛逛它的附設商店。這裡有許多特別的日清相關小物，像是招牌小雞的各式商品，狐狸豆皮碗麵的小狐狸等，每樣都很可愛。還推出「杯麵俄羅斯娃娃」，一層一層打開超有趣！

交通：みなとみらい駅步行 8 分
電話：045-345-0918
地址：神奈川縣横浜市中區新港 2-3-4
時間：10:00~18:00，週二休

紅鞋女孩 X Hello kitty 牛奶糖

横浜博覽館

紅鞋女孩與 Hello Kitty 共同合作限定横浜販售的糖果禮盒，紅盒為草莓焦糖口味、白盒為牛奶焦糖口味，香香甜甜虜獲萬千少女心啊！

交通：元町中華街駅 2 出口步行 5 分
電話：045-640-0081
地址：神奈川縣横浜市中區山下町 145
時間：9:30~21:30

地標塔記念品

Tower Shop

一般展望台都會有限定商品，在横浜地標塔除了質感很好的桌上擺飾之外，也活用造型，做成實用有趣的望遠鏡、瓶裝水等等，創意無限的地標塔外觀變身生活小物，帶回家使用就是最好的紀念品！

交通：横浜地標塔 69 樓展望台
電話：045-222-5030
地址：横浜市西區みなとみらい 2-2-1
時間：11:00~20:30

限定手帕

Souvenir Gallery

繡著可愛的横浜意象，小紅鞋、紅磚屋、跨海大橋三種圖案，可是紅磚倉庫的限定商品。搭配吸水性強的布料，點點、格子花紋充滿日系風格，柔軟好擦拭超有人氣，是送禮的最佳選擇！

交通：紅磚倉庫 2 號館 2F
電話：045-663-0555
地址：神奈川縣横浜市中區新港 1-1-2
時間：11:00~20:00

横浜地啤酒

赤レンガ Depot

横浜為國際大港，開港之初，英國人將釀造啤酒的方法帶來，現在這款啤酒重現了開港當時的啤酒風味，英式！

交通：紅磚倉庫 1 號館
電話：045-650-8208
地址：神奈川縣横浜市中區新港 1-1-1
時間：10:00~19:00

一泊二日小旅行 6

茨城萬象 震撼人心

水都・海景・花之鄉 日本觀光縮影

刺激度★★
浪漫度★★★★
交通便利度★★
好山好水★★★★★

茨城縣是一個緊鄰著東京都東北部的農業大縣，東臨太平洋，西倚台地，曾經是幕府大藩水戶藩的所在，擁有豐富的歷史古蹟，綿延的海岸線和山巒更帶來動人景致，成為日本觀光的縮影地。海風徐徐吹拂下的常陸海濱公園，四季都開滿了鮮豔的花朵，3月100萬株的黃白水仙花、4月五顏六色的鬱金香、8月一望無際的的燦黃向日葵，以及4月下旬到6月中旬，最震撼人心、彷彿漫步在空中的藍色粉蝶花海…從春季到秋天，幾乎每個時節造訪，都能看到繽紛燦爛的超級大花海，浪漫指數百分百。

無論是想要欣賞獨特的山海美景、優雅庭園賞花或是體驗鐵道旅行、品嚐當地特色美食，甚至是產業參觀等，通通都可以在這裡盡情享受，不妨一起搭著快速列車，來探訪這個優美的城市。

悠遊茨城小旅行

茨城說大不大，如果只侷限在水戶玩就太可惜了。可以向東延伸至日立、常陸玩賞花海，若有多的時間再至西邊笠間玩陶踏青。離開前回到水戶再吃吃喝喝、採買些伴手禮。雖然移動範圍不小，但景點多元選擇性也較大！

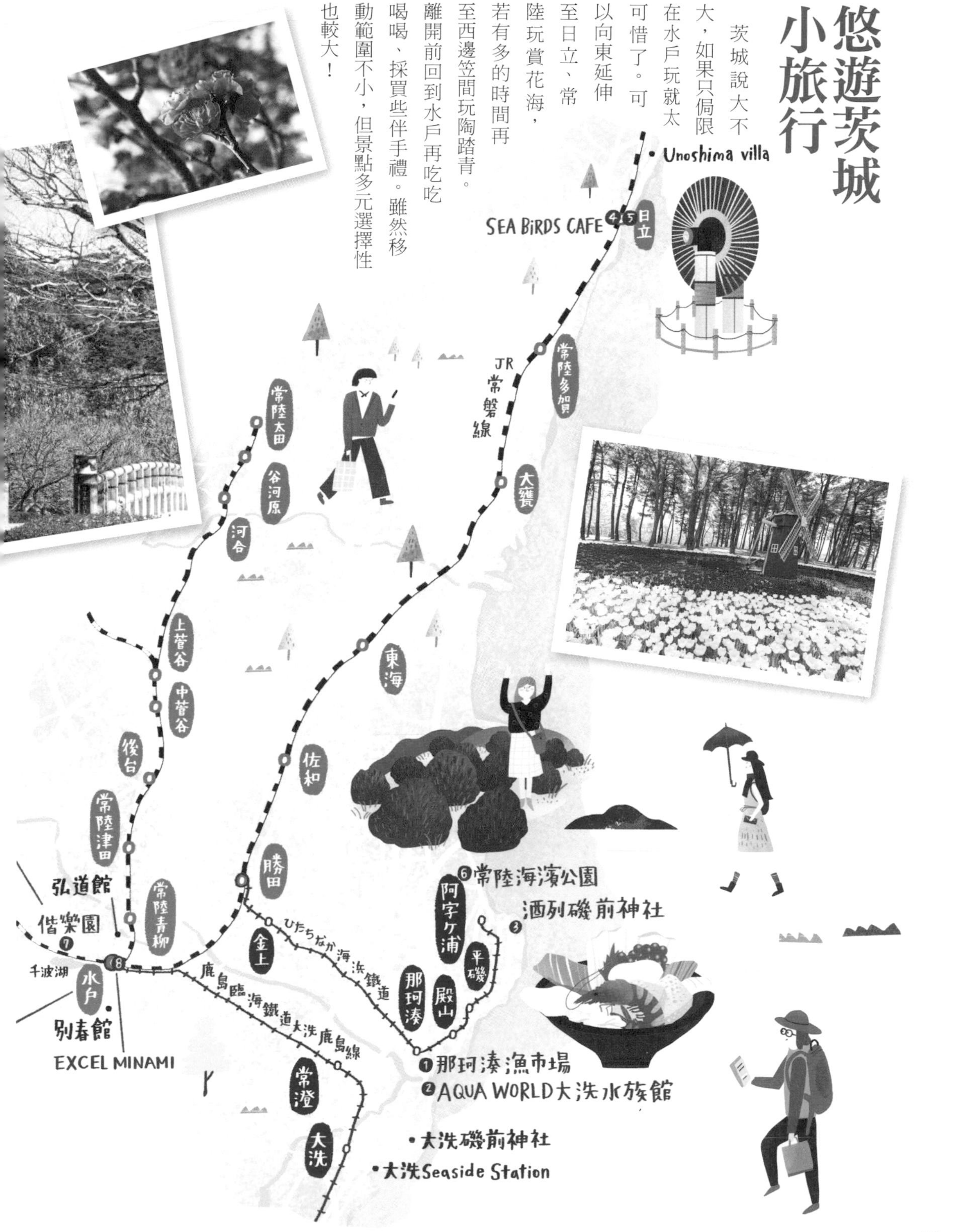

交通指南

東京→水戶

A 東京駅搭**JR特急ひたち**或是**ときわ**，即可直達水戶駅，約1小時20分，￥3890。

B 從東京駅八重洲南口，可搭乘高速巴士**みと號**，途經赤塚駅，直達水戶駅南口，單程約2小時，￥2100。

註：23:00、0:00發車的深夜車次採事前預約制，其餘班次為現場排隊上車。

C 秋葉原搭乘**筑波特快**(つくばエクスプレス)區間特急，約56分直達つくば駅，￥1205。

大洗、笠間的循環巴士

A **海遊号**：以大洗市區為中心運行的循環巴士。分為三大路線，連接水族館、購中心與海岸等，是玩大洗時很方便的交通工具。搭乘一次￥100，一日券￥200。

B **笠間周遊巴士**：串聯笠間主要觀光區與友部駅、笠間駅的觀光巴士。一天約5-8車次，看準時間搭乘的話算是方便。搭乘一次￥100，一日券￥300。

常陸那珂海濱鐵道

常陸那珂海濱鐵道的湊線，連接勝田與阿字ヶ浦，是前往常陸海濱公園的必經途徑。小小的地方鐵道，仍運行著老火車，充滿大正氣息的老車站等，沿線下車走走玩玩也很有感。

區間：勝田駅～阿字ヶ浦

時間：5:30-23:50左右

價格：勝田駅～阿字ヶ浦 ￥570

Day 1 常陸海濱輕鬆遊

從東京、上野車站可以直接搭乘特急前往茨城，車班不少，且比巴士來得快速，早上睡飽再出門也來得及。

搭乘JR特急列車來到勝田後，直接便可以轉常陸那珂海濱鐵道前往沿線遊玩。

來到靠海城市，怎能錯過拜訪魚市場的機會！抵達那珂湊後，可以先來❶**那珂湊海鮮市場**，今天的午餐就在這裡解決吧！市場裡不但有販售新鮮海產，更多老饕會特地來到這裡，就是為了在市場周邊的食堂品嚐美味料理！喜歡壽司的話，不要錯過市場壽司！這裡以平價迴轉壽司為主，特色是新鮮、種類繁多，40種選擇的壽司份量豪放、魚肉特別大塊，吃起來超過癮。

Tips
往高萩、いわき的JR特急亦會在勝田停車，確認好車班皆可搭乘。

Tips
常陸那珂海濱鐵道一日券只要¥1000，光是到阿字ケ浦往返就回本，很推薦購買。

9:30 東京駅
搭乘JR特急ひたち
1小時20分
搭乘9:53往いわき的班次，票價¥3890。

11:10 勝田駅
常陸那珂海濱鐵道
16分
搭乘11:17發的班次，¥350。

11:50 那珂湊駅
茨城巴士
5分
至「本町南」搭乘往茨大前的巴士，在「アクアワールド 大洗」站下車即達。¥170。

Tips
途步經過海門橋，全程約只要20分。

❶ 那珂湊海鮮市場

地址：茨城縣ひたちなか市湊本町19-8 **時間**：7:00~16:00(水產)，10:30~19:30(餐廳)
網址：www.nakaminato-osakanaichiba.jp

那珂湊海鮮市場臨海港而立，可以見到一籃籃販售的新鮮魚產，店家喊聲到處響起很有活力，許多當地人都會開著車來買海鮮。市場裡的7家海鮮餐廳、加上外圍的海產店是許多人的目標，萬一已經用過餐才來的話，也有小攤販美食可以品嚐一下海味。

❸ 酒列磯前神社

地址：茨城縣ひたちなか市磯崎町4607-2
網址：sakatura.org/

在856年就已經創建，位在磯崎海岸邊的岩石高台上，占地不小的區域內，其實神社本身範圍相當小，但因被古木綠意、江戶時代古墓圍繞，加上一轉角就能看見漁港與大海風光，成為人氣秘境景點。這裡的主神能庇佑身體健康與商業繁盛，既是藥神也是酒神，因此也有製酒業者會每年來此奉祀祭拜，祈求製酒過程順遂。

❷ 大洗 Aqua World

電話：029-267-5151
地址：茨城縣東茨城郡大洗町磯浜町8252-3
時間：9:00~17:00，最後入場~16:00(依季節略有更動)
價格：大人￥2000
網址：www.aquaworld-oarai.com

除了人人喜愛的企鵝、海豚，大洗 Aqua World 館內擁有品種數居日本第一的鯊魚水槽，大白鯊、斧頭鯊等兇猛魚類在水槽中悠游。每天上演的海豚秀、海獺餵食秀是最受歡迎的演出，多元化的活動節目，讓遊客每次造訪都能得到不同收穫。

14:00 **大洗海岸**

茨城巴士＋常陸那珂海濱鐵道
15分
搭乘往那珂湊駅的巴士，換乘鐵道直達。￥170+￥230。

16:00 **磯崎駅**

常陸那珂海濱鐵道
25分
搭乘16:39發的普通車即達，￥530。

Tips

入口參道有一條長約300公尺的江戶時代茶花並木道，冬季時節花朵盛開，香氣、美景令人心醉，為日本自然文化財。

那珂湊離大洗海岸只要過個橋便到！位於海岸邊的大洗，每年一到夏季就會變身為超人氣的度假勝地。身穿比基尼的泳裝辣妹、全副武裝的衝浪帥哥齊聚一堂，營造出歡樂無比的海濱休閒風。除了夏天的海水浴場，大型購物商場、海洋水族館❷**大洗 Aqua World**全年為遊客敞開大門，無論何時造訪都像在度假，適合大人小孩一同遊玩。

玩完後若還有時間，不妨造訪大洗 Marine Tower 登高望遠，或是到 Seaside Station 購物中心購物享美食，這裡的精品最低可至3折，是血拼的好去處。

距離車站約10分鐘步程的❸**酒列磯前神社**是這一帶的信仰重地之一，但近年則是以「求財」而聞名日本。原來是早期有人來此祭拜而中了數十億的樂透彩，酒列磯前神社瞬間成為求錢財的熱門 POWER SPOT。事後中獎者奉祀了一尊石烏龜在神社廣場上，據說誠心祈拜再摸摸烏龜的頭便有機會中獎，聽說很多人照著做後，也都因此中過高額獎金呢！

5 SEA BiRDS CAFE

電話：029-426-0187 **時間**：7:00~22:00(L.O.21:00)
價格：SEA BiRDS鬆餅￥980，咖啡￥420起，午餐套餐￥950起 **網址**：seabirdscafe.com

除了提供各式咖啡與飲品外，甜點與餐品也相當豐富，尤其晚上的餐飲選擇更加多元，從開胃菜、套餐、燒烤、沙拉、主餐等，通通都有，也有一些酒單選擇，更棒的是，價格相當平實又美味，幾乎很多餐點都千元日幣不到，難怪常常一位難求。

4 日立車站

地址：茨城縣日立市旭町 1-3-20

2011 年完工啟用的日立車站，就沿著日立市的海邊而建，由日立市出身的世界級知名建築師妹島和世所設計，妹島的設計特色大都帶有穿透性及流動感，而這座美麗的車站建築也在 2014 年榮獲了「布魯內爾獎車站部門」的最高獎項。完工後的車站，立即獲得世界最美的車站的美譽。

17:30 **勝田駅**

JR 常磐線＋計程車
40 分
JR 常磐線普通車，至日立駅後轉乘計程車再 10 分即達。JR￥510+ 計程車約￥2000

18:30 **Unoshima Villa**

7:00 **Unoshima Villa**

計程車
10 分
計程車約￥2000

8:30 **日立駅**

Tips
車站前廣場將日立發電機的渦輪放大變成城市入口意象。

回到勝田轉乘JR普通列車即達日立駅。

來到太田尻海岸邊的優美旅宿，遠離塵囂，盡情享受鄉野間的恬適自在。

Day 2 茨城經典風情行程

起個大早，到太田尻海岸邊欣賞美麗的日出、享受豐盛早餐。或是更早起床直奔日立站，在車站裡感受大陽升起時的感動瞬間。

❹日立駅以大量透明玻璃打造車站構造，走進車站入口大門後，直走到通廊底端就可看見 180 度無敵海景，由陸地架設橋面並往濱海的方向延伸出去，雖然車站實體建築仍距離海邊有一點距離，但因高度的視覺關係，加上串聯蔚藍海景，

6 常陸海濱公園

地址：茨城縣常陸市馬渡字大沼605-4 **時間**：9:30~17:00，暑期(7月底~8月底)9:30~18:00，冬期(11月初~2月底)9:30~16:30 **休日**：週二，日本新年，其他不定休詳洽官網 **價格**：入園￥450 **網址**：hitachikaihin.jp

廣闊的常陸海濱公園共被劃分為好幾個區塊，園方在一年四季分別在園內植上不同顏色的植物，除了春天的櫻花季，春末的粉蝶花一片粉藍十分夢幻；而盛夏時特意植上俗稱掃帚草的地膚子，一片綠意十分宜人。冬季園內架起點點燈光，夜幕低垂時便是華燈競演之際，是北關東的冬季風物詩。

11:00

常陸海濱公園

JR+巴士
40分
搭乘JR列車到「勝田」駅，至2號乘車處轉乘往「海浜公園南口」的茨城巴士，在海浜公園西口下車即達。￥510+￥360。

巴士+JR
30分
原路回到勝田駅，搭乘JR常磐線普通列車即達。￥360+￥190。

Tips
公園總面積達350公頃，若想快速總覽園區，利用濱海小火車繞行一圈約35分鐘。而西口、海濱口及中央口（大纜車旁）則有單車租借處，只需沿著畫紅線的路面騎，保證不迷路。

讓人宛如有種浮在海面上車站的錯覺，立刻成為縣內最熱門的景點。

車站內無敵海景咖啡店5 **SEA BiRDS CAFE**佔有極致海景位置，除了地板與天花板外，四周全都是透明玻璃帷幕所構成，宛如一間被光線完全穿透、四周景致包圍的異空間，優雅的氣氛加上無敵海景，很快就成為許多人的朝聖地。搭配鹹食的SEA BiRDS鬆餅是店內招牌，平實價格CP值超高。

接著前往最令人期待的6 **常陸海濱公園**欣賞花海！在這座要靠著巴士、腳踏車才能繞行一周的廣大公園裡，遊客可以散步野餐，或搭乘摩天輪登高望遠，孩子們也能在8公頃大的草原上，盡情跑、跳、翻滾，美好景致讓一家大小度過愉快悠閒的假期。

其中沙丘園區域是整個公園距離海濱最近的一區，主要以欣賞太平洋以及一些沙丘植物林、生態等為主，這裡也種植不少香草植物，還有一些眺望台能欣賞到美麗的太平洋。最美、最人氣的眺望點就是玻璃屋咖啡廳，室內挑高加落地玻璃窗設計將天海合成一體，海岸線清晰可見。

7 偕樂園

地址：茨城縣常水戶市見川1-1251
時間：24小時開放 **價格**：入園免費
網址：ibaraki-kairakuen.jp/
注意：梅花祭、杜鵑花祭和荻花祭舉行的時候，JR常磐線有設臨時站「偕楽園駅」

1842年，水戶藩第9代藩主德川齊昭打造了偕樂園以「與民偕樂」，園中遍植三千餘株梅樹，相傳達上百種的梅樹，早期是藩主德川齊昭為了貯藏梅干以防饑荒所植，現成水戶最驕傲的美麗資產。除了最具盛名的冬梅之外，茂密的孟宗竹林也是園中逸景，四季美景更是別有一番出塵意境，天氣晴朗宜人時，泛舟於千波湖寬廣的湖面上，更是悠遊偕樂園的一大樂趣。

15:00
水戶駅
巴士
15分
水戶駅北口前4號乘車處搭乘開往偕樂園方向的路線巴士，在「偕樂園入口」站下即達，¥240。

15:30
偕樂園
巴士
15分
搭乘往水戶駅的巴士，¥240。

水戶駅是茨城最大的轉運站，而與水戶最相關的歷史劇「水戶黃門」，劇中光圀與兩位武功高強的隨扈銅像，就立在水戶駅北口的2F外廣場，是旅人打卡必到點喔。

水戶在江戶時代是德川家的發源地，被稱做「水戶黃門」的德川光圀即是出身於此，市內亦有以梅花而聞名的7**偕樂園**，熱愛賞花的人士務必要到偕樂園一遊，除了梅花之外，春日爛漫的櫻花及初夏絢麗的杜鵑等也如詩畫般令人著迷。

偕樂園屬於池泉回遊自然風景式的大名庭園，但園中卻沒有大名庭園裡最重要的大池泉造景，因為偕樂園就坐擁著天然的美麗湖泊——千波湖。千波湖隔著水戶市的交通要道JR常磐線與偕樂園本園相

8 EXCEL MINAMI

電話：029-231-7711
地址：水戸駅南口直結
時間：3F~5F10:00~20:30、6F10:00~21:00，4F拉麵街道及6F餐廳11:00~22:00
網址：www.excel-mito.com

佔據水戶車站南北口的EXCEL，北口是有7個樓層的EXCEL百貨，南口則是3~6樓的EXCEL MINAMI，EXCEL MINAMI主要以美食餐廳及伴手禮為主，也有BIC Camera、百元店及國民服飾品牌しまむら等，其中4樓的拉麵街道聚集數家知名拉麵店家，3樓則集中許多知名老舖，買伴手禮也很方便。

17:30 水戸駅 ← 18:30 東京駅

JR 特急ひたち
1小時20分
搭乘18:27發JR特急ひたち，¥3890。

望，湖面閃耀著金色的陽光，從好文亭3樓的樂壽樓往千波湖方向望去，天開地闊地讓心胸為之開朗。

Tips

茨城知名啤酒品牌NEST在4樓有自營咖啡啤酒吧「true brew BEER&CAFÉ」，轉車時想小酌打發時間，來這裡就對啦！

回到水戶駅，就到位在JR水戶車站大樓的EXCEL逛逛吧。本館2至5樓的購物區有許多知名品牌，而書籍、CD等賣店也是應有盡有。特別推薦車站裡最便利的購物美食集中地⑧EXCEL MINAMI，這裡有茨城的土特產與熟食專賣區，回程時可順道逛逛，或是在這裡轉車時出站快速購物，方便旅人補給當地名產。

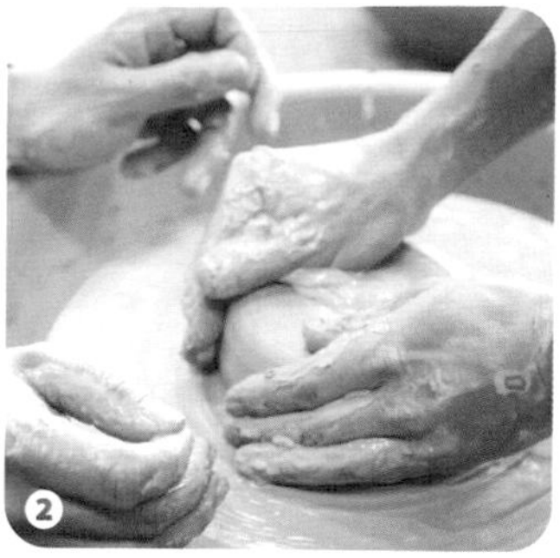

❶常陸海濱公園不只有春天的粉蝶花與秋天的掃帚草，夏初的鬱金香花海也十分迷人。 ❷&❹笠間以陶器聞名，來這裡可以體驗製陶，也可以觀展欣賞作品。 ❸水戶的代表歷史人物「德川光圀」銅像 ❺夏季的掃帚草等到秋天就會轉紅 ❻大洗海岸是沖浪好手的聚集地 ❼千波湖畔有許多水鳥 ❽笠間稻荷神社的小孤狸十分可愛 ❾偕樂園中心點的「吐玉泉」利用高低差讓泉水湧出，泉水也被好文亭引來泡茶。

再多玩一些

須藤本家酒藏

交通：友部駅開車 15 分
電話：0296-77-0152
地址：茨城縣笠間市小原 2125
時間：週一～五 9:00~17:00，參訪 10:00~15:00 需提前預約
休日：六日及國定假日
價格：試飲體驗（試飲 3 款）¥1500
網址：www.sudohonke.co.jp

歷史超過 850 年的須藤本家酒藏，可說是目前日本歷史最悠久的酒藏。穿梭充滿古風的酒藏院落內，頗能感受到須藤本家以「酒、米、土、水、木」傳承的家訓精神。在五十五代手中重現江戶時代生酒的製作方式，以大吟釀為主的製酒完成後，部分品項不進行低溫殺菌的「入火」過程及過濾，讓酒完成後仍處在活的狀態，倒入杯中宛如香檳般的活菌泡泡，入口清爽散發果香。

笠間稲荷神社

交通：笠間駅約徒步 10 分；友部駅前搭乘笠間周遊巴士，約 17 分後在「稲荷神社」下車
地址：茨城縣笠間市笠間 1 番地
電話：0296-73-0001
時間：境內自由參拜，笠間稲荷美術館 9:00~16:30
價格：免費，笠間稲荷美術館 ¥300
網址：www.kasama.or.jp

笠間稻荷神社為日本三大稻荷神社之一。一般祭祀狐狸祈求五穀豐收、生意興隆、闔家平安的稻荷多附屬於大型神社境內，而笠間的稻荷神社頗受重視，朱紅色的正殿還被指定為國家重要文化財，本殿後方更可見到充滿歷史軌跡的木雕作品；在日本最為歷史悠久的菊花節也是由神社舉辦。

笠間芸術の森公園

交通：友部駅前搭乘笠間周遊巴士，約15分後在「工芸の丘 陶芸美術館」下車
電話：0296-72-1990
地址：茨城縣笠間市笠間 2345 **時間：**8:30~17:00

笠間芸術の森公園身為茨城縣的創新文化發祥地，是以傳統工藝及新型態美術為主題的公園。總面積達54.6公頃，廣大的公園內除了內有笠間工芸の丘及茨城県陶芸美術館這兩個必遊景點之外，還有讓大人小朋友都玩得開心的遊樂設施與各種適合舉辦戶外大型活動的廣場。

茨城県陶芸美術館

交通：友部駅前搭乘笠間周遊巴士，約15分後在「工芸の丘 陶芸美術館」下車
電話：0296-70-0011
地址：茨城縣笠間市笠間 2345
時間：9:30~17:00(入場時間至 16:30)
休日：週一（逢假日順延），年末年始
價格：常設展￥320，企劃展依各展覽而異
網址：www.tougei.museum.ibk.ed.jp

專門收藏日本近現代陶藝作品的茨城陶芸美術館，館藏以「人間國寶」為主題，將松井康成、板谷波山等32位人間國寶的陶器作品齊聚一堂，其中最多的是松井康成的作品，共有476件之多，色彩繽紛的「練上」技法，把陶器拼湊出熱鬧花紋或圖案，把歐洲繪畫的「印象派」帶入陶藝之中。

春風萬里荘

交通：友部駅前搭乘笠間周遊巴士，約30分後在「春風萬里」下車
電話：0296-72-0958 **地址：**茨城縣笠間市下市毛 1371-1
時間：9:30~17:00，12~2月 10:00~16:00
休日：週一（逢假日順延），年末年始
價格：大人￥700
網址：www.nichido-museum.or.jp/shunpu

春風萬里荘是笠間日動美術館分館，位於笠間駅南側的「芸術の村」地區中央，其建築物本身為江戶時代的茅葺民家，是已故日本藝術家北大路魯山人位於北鎌倉的舊居，美術館內部至今仍然保持著魯山人居住時的模樣，除了其遺作之外、同時也展示著高橋是清、草野心平等畫家的書畫。

來去住一晚

私人海灘溫泉度假屋

Unoshima Villa

來到日立市想多住一晚再走，何不前往僅鄰日立駅車程10分鐘的 UNOSHIMA VILLA（鵜之島 VILLA）位在日立太田尻海岸邊，門前即是廣闊沙灘，舒適自在的住宿空間、使用在地野菜的餐點，還[illegible]的是，每個人不同的記憶體驗……

美味早餐

使用常陸野菜、地產漁獲製作的餐點，沒有花俏的手法與調味，而是利用發酵食原理，吃得到原味也吃得到健康。

旅行的住宿，除了可以選擇舒服安心的制式飯店外，想要體驗更多在地人情，不妨選擇入住民宿吧！從日立車站出發後，車行漸遠，沿大馬路往濱海前進，可愛的木造小屋就立著濱海沙灘邊而建。

推開門扉進到裡面，民宿主人原田夫婦及工作人員親切又溫暖的接待，讓這處舒適的濱海溫泉度假屋，就像來到朋友家般讓人自在。

遺世獨立的自適空間

Unoshima Villa前的海岸鄰近鵜之島，冬季時一開門便可看見鵜鶘在海面飛翔覓食，而民宿名稱的及招牌因此把鵜鶘意象放進來，稱為「鵜之島」。整個Villa包含三棟建築，可愛木屋造型的主棟是接待櫃檯、餐廳以及小書房，泡湯處也在這裡，由於直接從地底挖出溫泉，讓這濱海之宿更增添溫泉魅力，想要放鬆旅行的緊繃感可別錯過。另外還有一棟是包含7間和洋混和的房間，以及一棟多功能活動舉辦與合宿處，可以依預算或需求來選擇。

咖啡餐廳

以「海音」為名的咖啡餐廳，雖然空間不大，但佈置得宜，引入室外天光，伴著海景讓人放鬆。

VILLA空間

整棟民宿只有7個房間，以家為出發概念，從客廳、臥室到衛浴，無一處不用心，讓人賓至如歸。

Unoshima Villa

交通：日立駅搭計程車約 8 分鐘
地址：茨城縣日立市東滑川町 5-10-1
電話：0294-42-4404
時間：Check In15:00~，Check Out~11:00
價格：一泊二食，每人￥15400 起
網址：unoshima-villa.com/

門前就是沙灘

木造房舍臨海而立，門口就是沙灘，可以安排在此烤肉、聽海看星星，享受完全放鬆的渡假時光。

值得一提的是優雅的沙灘宛如私人包場般，就矗立在民宿門口外，不論晚上聽著浪濤入睡，或是白日在餐廳內邊看海邊吃早餐、享用咖啡，都是恣意又悠閒的浪漫時光。

常陸野菜的美味滋味

「CAFE & DINING海音」為附設的餐廳，除了住宿旅客之外，一般人也可以前來用餐。入住Unoshima Villa，不只讓你過得舒適，更是照顧你的胃。入住通分為包晚、早餐的一泊二食，或是只附早餐的一泊朝食，不論是哪頓餐食，主廚善用常陸野菜與在地食材烹調，並不以繁複的料理手法見長，卻是用最簡單的方式引出食材美味，搭配發酵食品的健康訴求，美味又充滿家常的用心與溫暖，讓人品嚐特殊的日本風味料理。

若是一群朋友造訪，Unoshima Villa也能幫忙準備BBQ烤肉食材、用具，大伙湊在一塊烤肉談天，出遊的美好食光更加凝聚。

茨城伴手禮

茨城好山好水是東京近郊的農產大縣，土特產品眾多，不但各觀光景點都有獨自的特色小品，來到車站的精選商店更能找到許多有趣的小物，若沒時間就鎖定水戶駅吧！

地瓜乾

幸田商店

茨城自古便有乾漬地瓜的風俗，地瓜乾便是其代表伴手之一。べにはるか(紅遙)是肉色亮黃，甜度極高的地瓜品種，幸田商店使用茨城生產地瓜，嚐來柔軟香甜，大人小孩都適合。

交通：水戶駅 EXCEL MINAMI 3F
電話：029-228-1137
地址：茨城縣水戶市宮町 1-7-31
時間：10:00~20:30

清酒

須藤本家酒藏

須藤本家是笠間十分具有歷史的酒造，其中花薰光曾在伊勢志摩 G7 高峰會中作為餐酒，將日文酒文化呈現世人眼前。，而山櫻桃這款純米大吟釀暢快的口感與清香，十分適合入門。

交通：友部駅開車 15 分
電話：0296-77-0152
地址：茨城縣笠間市小原 2125
時間：9:00~17:00，週末例假日休

梅干

偕樂園「見晴亭」

偕樂園的名產就是酸酸甜甜的各式酸梅。當初種植梅樹是為了防範萬一發生饑荒或是戰爭時，大量的梅干就可捏製成梅子飯糰，發揮戰備貯糧的重要功能。

交通：偕楽園東門
電話：029-306-8911
地址：茨城縣水戶市常磐町 1-3-2
時間：9:00~17:00

笠間陶燒

きらら館

笠間市以誕生於 18 世紀的笠間 而聞名，市內共有約 130 家的窯戶還有陶藝美術館，每年春秋兩季進行的陶器市集吸引了許多陶藝愛好者聚首，從稍有名氣的陶藝家作品到國寶級大師作品這裡都能買到，單純當工藝欣賞也相當有價值。

交通：友部駅前搭乘笠間周遊巴士，約 10 分後在「工芸の丘 陶芸美術館」下車
電話：0296-72-3109
地址：茨城縣笠間市笠間 2258-1
時間：10:00~18:00

常陸野巢啤酒

木內酒造

茨城縣那珂市鴻巢產的精釀啤酒，所以品牌以「NEST」為名，即為地名巢的意思。由 1832 年即開始釀酒的木內酒造所生產，口味愈做愈多，還有季節限定版本，在水戶車站就有得喝！

交通：水戶駅、偕樂園等的商店都可買到
電話：029-212-5111
地址：茨城縣那珂市鴻巢 1257

一泊二日小旅行 7

那須高原歐風巡禮

舒爽悠閒四季折衷的美麗境界

刺激度★★★
浪漫度★★★★
交通便利度★★
歐式童話風情★★★★★

富有歐陸情調的那須高原是近年來日本超人氣避暑勝地，愈來愈有追上輕井澤的架勢，成為年輕女性休閒度假的最愛。初春時節，那須高原花開似錦，各式各樣別緻美麗的花朵競相爭豔；仲夏時氣溫涼爽怡人，青翠的樹林像一支支大洋傘般遮覆住大地；每逢秋天，萬紫嫣紅的波斯菊將那須高原點綴成動人的花毯；隆冬時分則是愛好滑雪者的天堂，銀白大地好不浪漫！

那須高原上有許多美美的牧場、歐風民宿、美術館、小教堂、餐廳、露天咖啡座等，還可以泡溫泉，讓每個來到那須高原的人都能擁有豐富又多彩的高原假期。在大自然的包圍下，那須的美好伴隨著山間清風、野花清香，還有淡淡的咖啡味傳給所有旅客，舒爽悠閒的氣氛絕對值得再三留連。

悠遊那須高原小旅行

那須高原範圍廣大，全區域除了黑磯駅周邊、那須塩原駅周邊有鐵道串聯之外，其它區域皆需搭乘巴士或是自駕，算是交通比較不方便的區域。利用循環巴士玩遊名所會是個不錯的好方法！只要注意時刻表搭乘，其實也很順。

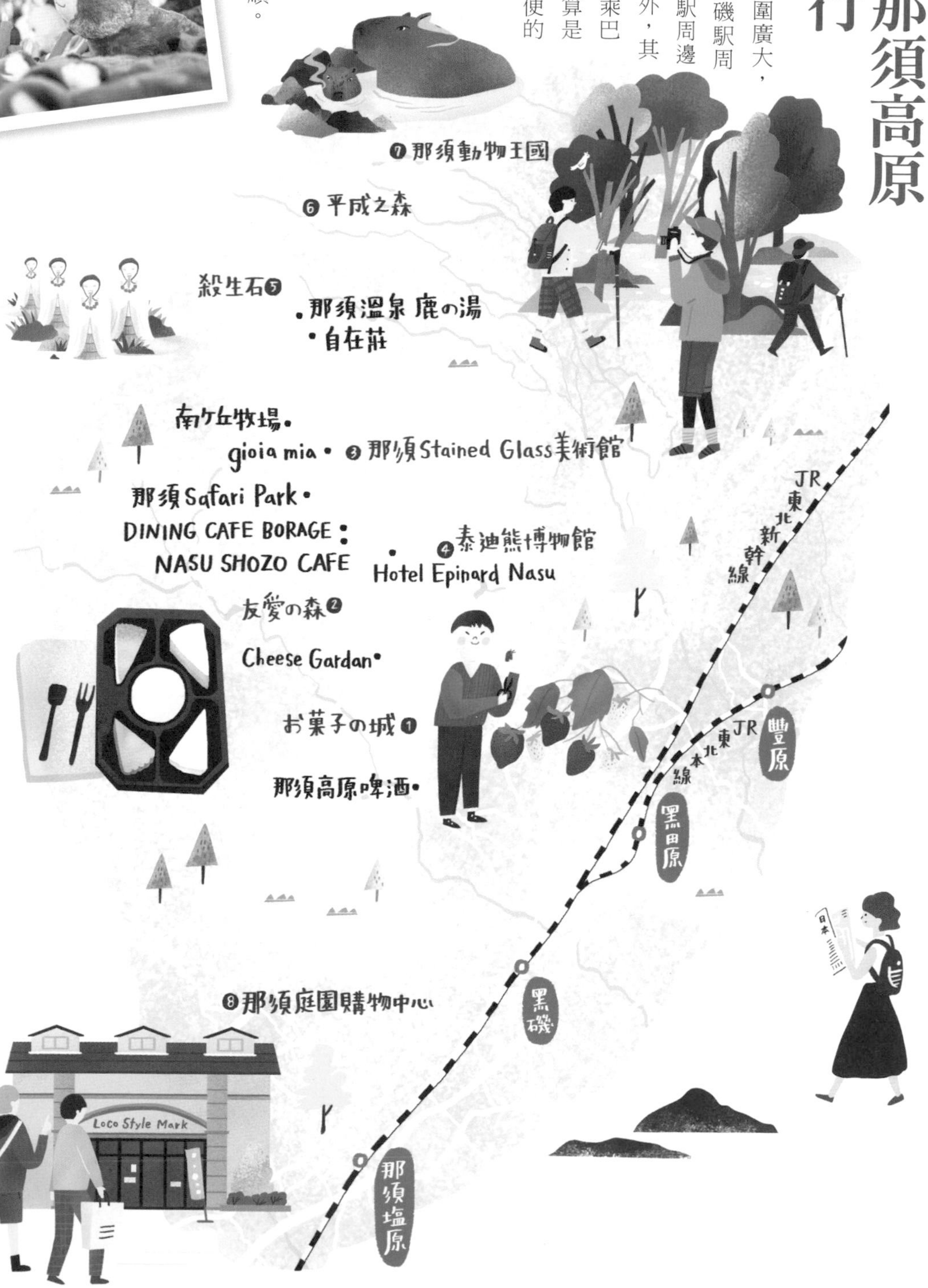

交通指南

東京→那須高原

A 東京駅搭**東北新幹線やまびこ、なすの**等車可直達那須塩原駅，約1小時10分，￥5820。

B 從那須塩原駅，要連接黒磯只需要轉乘**JR東北線普通車**即可，單程6分，￥190。

免費接駁巴士

這是連接那須動物王國與那須塩原站的免費巴士，早上為那須塩原站9:15發車，經友愛之森、ホテルエピナール那須前往那須動物王國。下午從那須動物王國回程15:30發車。途中亦會經過各大車站，配合班次算是方便。由於要控管座位數，需先上網預約。

網址：www.nasu-oukoku.com/info/bus/

註：週三不運行。12-2月冬季只在週末例假日運行。

那須高原觀光周遊巴士

那須觀光周遊巴士為巡迴那須高原觀光景點的巴士。

從「友愛之森」出發，繞高原一周後往「那須湯本」繞行1周約需1小時20分鐘，停留彩繪玻璃博物館、泰迪熊博物館等景點。

運行時間：8:10-17:47，一日約10班。

價格：單趟￥800，1日自由乘車券￥1500

購票地點：友愛之森及各停留設施購買

1 お菓子の城

地址：栃木縣那須町高久甲4588-10
時間：花城9:00~17:00；溫泉平日10:00~22:00、假日9:30~22:00；草莓之森12月下旬~6月中旬9:30~15:30
價格：花城：￥500；溫泉：假日中學以上16:00前￥1040、16:00後￥840 **網址**：www.okashinoshiro.co.jp

生產皇室點心的和菓子之城，是個充滿幸福甜蜜的園地，除了多種點心任君挑選之外，還可以品嘗到日本草莓的代表「栃乙女」草莓，體驗採草莓樂趣及吃到飽的美味，有時間的話可以到花城中的體驗工房學習工藝，一邊感受大自然，一邊體驗人們如何運用森林的恩惠。這裡也有溫泉可以享受，冷冷天泡湯最舒服。

Tips

巴士約1小時1班次，要看準時刻以免浪費時間。

9:00 **東京駅**

東北新幹線なすの
1小時10分
搭乘9:16往郡山的班次，票價￥5820。

10:30 **那須塩原駅**

関東自動車
25分
搭乘10:45往那須湯本溫泉的巴士，在「お菓子の城」站下車。￥710。

Day 1 高原風光一日滿喫

Tips

從東京、上野車站都可以直接搭乘東北新幹線，但有些車次不停，只能坐やまびこ與なすの兩種。

抵達那須塩原後可從西口轉搭巴士至各景點，巴士路線分有JR巴士的塩原線（往塩原バスターミナル方向）、関東自動車巴士的那須線（往那須湯本、友愛之森、那須ロープウェイ方向）、那須塩原地域巴士的黒磯・西那須野線（往黒磯駅、西那須野駅西口方向），以及那須庭園購物中心免費循環巴士。

東口則有大田原市營巴，分有三線雲巌寺線（往雲巌寺前方向）、金丸線（往道の駅那須与一の郷方向）、那須塩原駅線（往道の駅那須与一の郷方向）。

❷ 友愛之森

電話：0287-78-0233
地址：栃木縣那須郡那須町大字高久乙593-8
時間：9:00~17:30
休日：工藝館12月~2月每週四，以及年末年始公休
網址：www.yuainomori.com

友愛之森是個道路休息站，亦是可體驗各式各樣手工藝品的創造空間，體驗的項目多達十幾種，像是捏陶、撕和紙畫、編織竹籃、製作銀飾、雕刻木工等，在老師親切的指導下，每個人都可以順暢的完成美麗的作品，渡過一個輕鬆自在的午後。廣場上不定時會有音樂會和園遊會，讓定居在那須高原的藝術家們有處互相交流的空間。

11:15

和菓子之城

関東自動車
5分
搭乘 12:10 往那須湯本的巴士，在「友愛の森」站下車即達。¥320。

Tips
草莓之森自 12 月起便會開放草莓 30 分鐘吃到飽的場次，12~1 月¥2200，2~3 月¥2000，4~5 月上旬¥1700，5 月中旬~6 月¥1200。

12:15

友愛之森

觀光周遊巴士
13 分
搭乘 13:40 發車的班次，在「那須ステンドグラス美術館」站下。使用一日券。

Tips
運行於那須各觀光點的周遊巴士從這裡發車！若要搭 2 次以上，買一日券¥1500 最划算！

來到栃木縣，當然不可錯過「栃乙女」草莓，這個肩負著栃木縣名的品種，果肉飽滿、色澤明亮，產季可達到半年，到5、6月都還吃得到，是日本草莓的代表。在生產皇室點心的❶**お菓子の城**一旁有片溫室果園「草莓之森」，使用高台種植的草莓，讓人不需要辛苦彎腰也能享受採果樂趣。現採現吃的方式，讓人能一嚐酸甜美味。

來到那須溫泉鄉入口處的❷**友愛之森**，這裡包括了交流中心、工藝館、展示棟、餐廳、物產直售中心等，是處綜合型的道路休憩中心，也可以說是那須的觀光情報中心。中午時段，一定來餐廳Nasutaurant，嚐嚐使用當地食材做成的那須の內弁当。一日限定15份的便當以在地食材做成，依季節不定期變換菜色，有趣的是這份便當必定有九道菜，因為傳說那須是九尾孤的棲息之地，於是當地餐飲業者便以此為題，製作許多特色不同的便當。

③ 那須彩色玻璃美術館

電話：0287-76-7111
地址：栃木縣那須町高久丙1790
時間：9:00~17:00，11~3月~16:30
休日：1~2月每週三休館
價格：大人￥1300、中高生￥800、小學生￥500
網址：stainedglass-museum.com

這裡以19世紀的彩繪玻璃展示為主體，內部展示相當特別，所有的作品不論是教堂的彩色鑲嵌玻璃、一般裝飾的鑲嵌玻璃作品或是燈具，都好像被安置在他原本就該存在的空間，因此隨著動線一路前行，有教堂、祈禱室、起居間、客廳、樓梯廊廳，玻璃作品就不著痕跡地裝置其中，並有許多古董家具、音樂盒等搭配，這裡隨時歡迎你悠閒坐下來好好欣賞並聆聽優美的古董音樂盒、管風琴演奏。

13:53 **那須彩繪玻璃美術館**

觀光周遊巴士
5分
搭乘14:39發車的班次，在「那須テディベアミュージアム」站下。使用一日券。

14:50 **泰迪熊博物館**

觀光周遊巴士
11分
搭乘16:22發車的班次回到友愛之森，使用一日券。

Tips
館外的庭園露天咖啡廳供應著紅茶點心，禮品店還有來自英國的各式雜貨、DIY課程等。

隨著車行山道，彎著轉著就看到③**那須彩繪玻璃美術館**宛如林間城堡矗立在那兒，讓人瞬間有種來到英國鄉間的錯覺。由於那須高原的氛圍跟仍保有濃厚貴族風格的英國科茲窩丘陵區域很像，因此美術館便以當地領主宅邸為意象，進口當地的萊姆石，建造出風格與氛圍都極度相似的美術館建築群。厚重的石牆打上昏黃的燈光，莊嚴肅穆的館內，卻也在各個角落點綴上花朵及彩繪玻璃飾品，營造出浪漫氛圍。

在彩繪玻璃美術館附近，還有一處會讓少女心大大噴發的④**泰迪熊博物館**。進到館內首先會看到有著自動機關的熊爺爺說著歡迎，讓人覺得好新奇，一旁有著一區熊熊縫製的工作室，而裁縫師也是一隻熊，整體氛圍十分有趣！繼續往裡走則是各式各樣的泰迪熊造型與場景搭配的泰迪熊，這裡以設計師所創造的泰迪為主，難怪衣服造型或是樣貌也是千變萬化。參觀完兩個展區，當然不能錯過一樓咖啡廳，可以與泰迪熊一起品嘗點心，禮品店內各種熊玩偶，還可以為熊寶寶選購圍巾等毛線織品，每樣都可愛得讓人愛不釋手。

5 殺生石

地址：栃木縣那須郡那須町湯本

殺生石的由來相傳是古時在此處的石頭附近，發散著含有亞硫酸瓦斯的毒氣。除此之外，傳說中有隻會變身為美女，妖惑人間的九尾狐狸在事跡敗露後，逃到此處化身為石頭，噴出毒氣奪走接近者的生命。這裡四周佈滿碎石且不時噴出硫磺煙，不過不用擔心，湯煙對人體並無大礙！

4 那須泰迪熊博物館

電話：0287-76-1711 **地址：**栃木縣那須町高久丙1185-4 **時間：**9:30~17:00(入館至16:30) **休日：**3、6、12月的第2個週二，2月的第2個週二~三 **價格：**大人￥1500、中高生￥1000、小學生￥800 **網址：**www.teddynet.co.jp/nasu

有如位在森林間的那須泰迪熊博物館，穿過花園後就是一棟磚紅色的歐風建築，這裡是有著兩層樓空間、專門以泰迪熊為主題展示的地方。二樓則是長期展區的龍貓特展，各式電影裡的場景一一在這裡重現，不論是只能隔著玻璃觀看的精細作品或是能觸摸一起玩自拍、搭上龍貓公車試乘看看，都讓人童心大發。

Tips
一般那須溫泉的飯店會提供接送服務，不妨多加利用。

16:33 友愛之森
觀光周遊巴士 30分
搭乘16:45發車的班次，在「新那須」站下車即達。使用一日券。

17:30 自在莊

8:00 自在莊
飯店接送 3分
飯店大多提供接送，不妨多加利用。

8:00 那須湯本溫泉
步行 30分
沿著縣道步行，到「那須平成の森」即達。

回到友愛之森，先別再亂晃，接著便要趕最後一班觀光巴士前往那須湯本溫泉。

Tips
這是周遊巴士到新那須的末班車，若沒坐到這班車，可以改搭關東自動車開往那須溫泉的巴士。

玩了一天，好好享受美食、泡泡溫泉休息，以迎接明天的行程。

Day 2 動物王國 復古風情

早起享用豐盛的早餐後，前往那須湯本的主要景點散散步。

那須湯本溫泉傳說開湯於一千三百年前，元湯鹿之湯外觀是明治時代所建造的湯屋，有著濃得化不開的日本原味。自古以來這裡就是藩主大名們的湯治場（溫泉療養所），乳白色溫泉除了可治燒創傷，還有美白、淡化細紋的神奇功效。泡湯之餘來到5**殺生石**散步。關於殺生石有個與九尾狐相關的趣味鄉里故事，殺生石的四周布滿碎石頭，且不時的噴出硫磺煙，不過不用擔心，湯煙是無毒的啦！步道旁有許多穿著毛線斗蓬和帽子的小地藏菩薩像，站在一起非常壯觀，頗有日本風情。

⑦ 那須動物王國

電話：0287-77-1110 **地址**：栃木縣那須郡那須町大島1042-1 **時間**：10:00~16:30，週末假日9:00~17:00(冬季10:00~16:00) **價格**：大人￥2400 **網址**：www.nasu-oukoku.com/contents/taiwan2015.html **備註**：冬季動物農場區域不開放

園區主要分成2區，一區是以室內區呈現各式動物館的「王國小鎮」可以在室內近距離觀賞動物，這有很多在日本難得一見的稀有動物品種，相當珍貴。有些動物還會直接走出柵欄跟你一起散步，是不論天候，都能開心度過的地方，另一區「動物農場」的動物都是待在戶外區域中，園內可散步或搭遊園車、纜車行進外，還有許多表演活動。

⑥ 那須平成の森

電話：0287-74-6808 **地址**：栃木縣那須郡那須町高久丙3254 **時間**：9:30~16:30，5、8、10月9:00~17:00 **休日**：週三 **網址**：nasuheisei-f.jp/

過去是日本皇室的避暑地，平成天皇將部份林地委託給政府規劃，無論是散步前往駒止瀑布，或是研究林間生態，來場雪地森林的探險，在保存良好的原始林中，一年四季風情變化都令人心折。若是冬季前來，在那須高原的平成之森進行一場雪地森林探險，還有可能發現樹幹上遺留的熊爪！

Tips

記得想坐免費巴士得上官網預約！沿路還停友愛之森、那須塩原駅。

10:10

平成之森

步行
50分
繼續沿縣道步行，至「那須どうぶつ王国」即達。

Tips

雪地探險有2小時、3小時等不同行程，可依需求參加。

12:30

那須動物王國

免費巴士
1小時25分
15:30從動物王國開的回程巴士，免費。

那須高原一帶過去是日本皇室的避暑地，大片森林都屬於皇室所有，一般人不可任意進入；而平成天皇是生物學家出身，本著期許國民們都可以親近自然的良意，將部份林地規劃成國立公園，⑥**平成之森**終於開放，如今那須已經成了關東地區超人氣的避暑地。新綠步行期間盡賞繁花、深秋被滿山紅葉包圍，夏天聽著蟬鳴鳥叫忘卻酷暑，而冬季來到這裡，也可透過導覽雪地散步，發掘更多動植物在雪地覆蓋下的驚奇面貌。

廣達43公頃的⑦**那須動物王國**是各個年齡層都能玩得很開心的園地，因為除了各式難得一見的可愛動物外，很多都還能近距離接觸呢。來到這裡，最讓人期待的便是大人氣水豚區，不但可以走入柵欄盡情一起玩自拍之外，還可以在溫泉風呂館跟他一起泡湯喔。需搭乘園區接駁車才能到的動物農場區可以欣賞到許多特別表演，像是紐西蘭農場綿羊秀、猛禽飛行秀、海獅秀等，而且環境優美宛如身在群山圍繞的戶外農莊般，連餐廳都備有許多舒適戶外座位。

❽ 那須庭園購物中心

電話：0287-65-4999
地址：栃木縣那須塩原市塩野崎184-7
時間：10:00~19:00(營業時間依季節不同)
網址：www.nasu-gardenoutlet.com

那須庭園購物中心是那須高原上難得一見的大型暢貨中心，環繞於田園之中更顯悠閒逸致。店家涵蓋 COACH、GAP、BWAMS 等 100 家以上的著名品牌，一旁另設有販售那須農產品的超市，購物中心內設置休憩區、餐廳等，從那須塩原駅也可轉乘免費巴士到此，相當方便。

Tips
營業時間到19:00，冬季還會有點燈活動，晚上若不急著回東京可以順道一訪。

17:00 那須庭園購物中心

→ 免費巴士 **8分**
搭乘 20:05 開往那須塩原駅的接駁巴士，免費。

20:15 那須塩原駅

→ 東北新幹線やまびこ **1小時11分**
搭乘 20:33 發東北新幹線やまびこ，￥5820。

21:44 東京駅

玩了一整天，就利用免費接駁車，前往❽**那須庭園購物中心**購物吃飯吧！這間 OUTLET 擁有148家店舖，大多叫得出品牌的流行服飾、運動用品、戶外用品、生活雜貨等，應有盡有，最特別的是還有小孩遊樂區、寵物專區等，不管大人小孩甚至是寵物，全都照顧得好好的。

那須塩原駅徒步範圍沒有什麼景點，車站內也只有一般的小賣店、便利商店，回到這裡就只有等待轉車了。

❶那須泰迪熊博物館的熊熊縫製工作室，以泰迪熊裁縫師的意象營造出可愛氛圍。 ❷ & ❹那須動物王國裡可以近距離接觸小動物，大人小孩都開心。 ❸美麗的玻璃飾品充斥在彩色玻璃美術館內 ❺那須高原也有釀造啤酒，來到啤酒工廠可以參加見學活動。 ❻ & ❼來到那須菓子之城，可以品嚐草莓與和菓子，一次滿足嗜甜的慾望。 ❽南丘牧場內可以吃到超級香濃美味的霜淇淋。

再多玩一些

Gioia Mia 義式餐廳

交通：那須塩原駅、黒磯駅搭関東自動車在「ジョイア・ミーア前」下車 **電話**：0287-76-4478 **地址**：栃木縣那須郡那須町湯本 493-3 **時間**：餐廳 11:00~21:00(週六、連休至 22:00)，麵包坊 9:00~17:00 **休日**：每月第三週的週四(遇假日及 5、8、10 月無休)，麵包坊每週四休(遇假日及 8 月無休) **網址**：www.gioiamia.jp

被森林與各式花草庭園圍繞的兩棟可愛歐式房子，這裡就是那須高原高人氣的義大利餐廳 Gioia Mia，1993 年開幕至今，以提供義大利各地的料理為主軸，除了麵體採用義大利領導品牌的義大利麵、橄欖油、火腿等食材，餐廳入口處令人眼睛一亮的鐵製大窯烤爐，也讓很多料理因此美味加分。從那須高原嚴選地產食材，像是桃太郎番茄、蜂蜜、雞蛋、蔬菜及在地高品質起士等，豐富的菜單更是從前菜、肉類、海鮮、麵類、PIZZA、小菜及各式甜點飲料都有，人多聚餐都能大滿足，不論單點一起享用或是套餐，選擇豐富。

南ヶ丘牧場

交通：那須塩原駅、黒磯駅搭關東自動車在「一軒茶屋」站下徒步 15 分；或在「友愛の森」站搭觀光周遊巴士至「南ヶ丘牧場」站下。 **電話**：0287-76-2150 **地址**：栃木縣那須町湯本 579 **時間**：9:00~16:30，夏季 8:00~17:30 **價格**：入場費￥250(餵食另加￥100) **網址**：www.minamigaoka.co.jp

南ヶ丘牧場以維持自然的牧場型態、提供多元親子體驗育樂空間，也養育有特有的英國種 Guernsey 乳牛，讓這裡成為大受親子客層喜愛的牧場外，其所生產的牛奶、各式乳製品等，也成為熱門必買單品。牧場裡有可近距離觸摸動物的區域、馬舍區可體驗餵食，也有乘馬活動、釣魚以及乳牛的放牧區等，室內區除了可以看到牛奶加工作業，也有各式體驗 DIY 區及餐廳與賣店。

Cheese Garden

交通：那須塩原駅、黒磯駅搭關東自動車在 Cheese Garden 站下車徒步約 5 分 **電話：**0287-64-4848 **地址：**栃木縣那須郡那須町高久甲喰木原 2888 **時間：**9:00~18:00(餐廳 L.O.17:00) **網址：**cheesegarden.jp/tenpo/shirasagicafe/

Cheese Garden 本店相當大，分別有自有品牌的起士商品、蛋糕烘培坊及販售區，也有一區是各式適合搭配起式甜點的茶葉鋪，再往一旁則是小型超市，這裡蒐羅不僅日本產，連歐美的火腿、紅酒、起士等都有販售，讓你一次購足。餓了、渴了，佔整個店鋪將近一半空間的カフェ & ガーデン しらさぎ邸也有各式當日現做輕食與甜點。

NASU SHOZO CAFE

交通：那須塩原駅、黒磯駅搭關東自動車 25 分後在「上新屋」下車 **電話：**0287-78-3593 **地址：**栃木縣那須郡那須町高久乙 2730-25 **時間：**10:00~ 17:00 **休日：**不定休 **價格：**咖啡￥600，南瓜布丁￥420，午間套餐￥1570 起 **網址：**www.shozo.co.jp

SHOZO CAFE 在那須一帶共有 3 家店舖，是相當知名的老牌人氣咖啡店。店內擺設 60 年代的復古家具，爵士與 BASA NOVA 清柔地流洩，營造出輕鬆舒適的空間感。NASU SHOZO CAFE 以特別烘焙的咖啡與精選紅茶深獲顧客好評，店裡隨時都是高朋滿座。

來去住一晚

入住山中湯宿 靜聽光陰流逝

自在莊

那須岳山麓一帶的那須溫泉鄉，傳說開湯於一千三百年前，是個歷史悠久的溫泉區。旅館隨17處源泉散布各處，氣氛清幽寧靜，沒有車水馬龍的嘈雜。泡湯之餘或到那須高原散步喝咖啡，或徜徉山徑[illegible]吸收負離子和芬多精，都是不錯的選擇。

美味會席料理

使用高原食材設計的會席菜單，完美地將和洋融合，不但美味，色彩繽紛讓人大飽眼福。

挑高空間

大廳特地以挑高的天花板與大片落地窗引進戶外綠意，讓整個空間感更充足餘裕。

仲夏時分氣候涼爽宜人，而到了秋天，高原一片豔紅金黃，美得讓人心醉。

自在莊是那須溫泉的日式溫泉旅館。房內的設備簡單整潔，從窗戶探頭，可以一覽遠方青山以及寧靜的溫泉鄉風景。露天風呂採用檜木浴池，青蔥綠意圍繞池畔，到了秋季楓紅時節更是美不勝收，讓人由衷感到滿足。

高原湯宿的款待

那須高原不僅是各式度假娛樂、騎馬、美術館盛行，也擁有一處高原森林間的優雅溫泉度假區，也因此區不像一般溫泉街氤氳感

入住自在莊

自在莊是那須高原的溫泉旅館，從外觀看便知道其規模不小。

自在莊

交通：JR 那須塩原駅、JR 黒磯駅搭路線巴士至「新那須」下車後徒步約五分鐘
地址：栃木縣那須郡那須町湯本 206-98
電話：0287-76-3020
時間：Check in 14:00，Check out 10:00
價格：一泊二食，2 人一室￥29700 起
網址：jizaiso.co.jp

純日式空間

自在莊雖然位在歐風的那須高原，但以日式溫泉旅宿的姿態，提供造訪遊客另一種享樂的選擇。

濃厚，反而是各自分散森林間的獨立存在。頗具口碑的溫泉旅館自在莊，就位在鄰近日本皇室別墅的溫泉區中，以日式風情溫泉旅宿為主要風格，僅15間住房，讓女將及館內工作人員能充分照料到每位旅客的需求。不只如此，為了讓入住的客人能夠充分感受湯宿的美好，還可以選擇特地將入住時間提早至11點，退房時間延後至翌日中午的入住套裝，充足的25小時，讓人除了觀光外，更能好好享受溫泉潤澤與心情上的餘裕。

美味餐點與優質溫泉

來到溫泉旅館，最期待的便是美味的會席料理與泡湯了。自在莊取用高原在地季節食材入菜，不論是那須牛、高原野菜、菇類、乳製品等，組合成色彩繽紛的擺盤，也誘惑著旅人的味蕾。

而自在莊的溫泉引用地藏之湯源泉，無色透明的湯泉對於神經痛、肌肉疼痛、關節及疲勞等都具有效用，可以在能望見四季變化的露天風呂悠閒享受，或是付費的獨立風呂更能盡情自在的賞景泡湯。若是預算充足，不妨入住館內僅有2間附獨立露天風呂的房間，是奢侈享樂的首選。

那須伴手禮

充斥著歐式高原風情的那須高原，連伴手禮都十分洋化。像是高原啤酒、乳製品等都是這裡的美食強項，絕對不能錯過。另外御用的和菓子、草莓等也很美味，不妨一起購入。

牛奶醬

南ヶ丘牧場

在日本只有200頭的稀有乳牛Guernsey，以其生產的牛乳所製成純白色的香濃果醬，吃起來不同煉乳那麼甜膩，反而將牛乳本身的奶香昇華至最高境界，一吃就上癮。

交通：在「友愛の森」站搭觀光周遊巴士至「南ヶ丘牧場」站下

電話：0287-76-2150

地址：栃木縣那須町湯本 579

時間：9:00~16:30，夏季 8:00~17:30

御用邸起士蛋糕

Cheese garden

由於那須高原空氣清新、無汙染的廣大區域內所生產的牛奶，脂質濃厚，做成起士類相當廣受好評，絕對值得品嘗。這款起士蛋糕入口香滑，滋味純濃，由於可以常溫保存，很適合帶回國與親友分享。

交通：那須塩原駅、黒磯駅搭巴士在「チーズガーデン」站下車徒 約 5 分

電話：0287-64-4848

地址：栃木縣那須郡那須町高久甲喰木原 2888

時間：9:00~18:00

那須高原啤酒

那須高原啤酒工廠

採用那須岳的雪溶水和那須產的小麥所釀造的那須高原啤酒，口味濃美甘醇，帶有一種獨特的芳香，還曾經在德、美、日三國舉辦的品評會中榮獲金牌獎。

交通：黒磯駅搭巴士至「下松子」站下車即達

電話：0287-62-8958

地址：栃木縣那須郡那須町大字高久 3986-44

時間：10:30~19:00，週三休

彩色玻璃燈

彩色玻璃美術館

在彩色玻璃美術館內的商店，專賣相關紀念品，像是檯燈、吊飾等等，透過光線的照射，細緻的彩繪玻璃散出光芒，每一樣都夢幻得教人愛不釋手。

交通：在「友愛の森」站搭觀光周遊巴士至「那須ステンドグラス美術館」站下

電話：0287-76-7111

地址：栃木縣那須町高久丙 1790

時間：9:00~17:00，11~3 月 ~16:30

御用邸之月

和菓子之城

獲獎無數的御用邸之月，使用大量生奶油製成的卡士達醬，包在軟呼軟呼的蛋糕體中，一口咬下香軟異常，夏季冰著吃別有一番風味。

交通：黒磯駅、那須塩原駅搭巴士至「お菓子の城」站下車即達

電話：0287-62-1800

地址：栃木縣那須町高久甲 4588-10

時間：9:00~17:00

一泊二日旅行 11

秩父能量小旅行

體驗文化自然的深度探訪

刺激度★★★★☆
浪漫度★★★☆☆
交通便利度★★★☆☆
天地精華能量★★★★★

位在埼玉縣的秩父市是處尚未被發掘的自然淨土，處在河川流往東京源流之處，純淨水源、高聳山景，促成當地天然美景、美酒與美食，這裡的絹製和服「秩父銘仙」更被指定為國定傳統工藝品。每年12月2、3日的「秩父夜祭」更是秩父地區的重頭戲，已有三百多年歷史的夜祭動員全體市民，就連在外地工作的遊子也會回鄉參與，出動屋台山車、約八千發煙火的夜祭活動，將秩父市內氣氛炒熱到最高點。

來到長瀞，位在長瀞玉淀自然公園內的「岩疊」，因天然特色奇景而成為日本指定名勝以及天然記念物，想體驗長瀞荒川之美的最好方式就是搭上木製的和舟，來一趟悠閒又刺激萬分的遊河之旅！

悠遊秩父小旅行

秩父旅遊的範圍很大，主要集中在秩父市與長瀞兩大區域，喜歡鐵道旅行的人則不能錯過秩父鐵道，搭乘火車至三峯口再轉乘巴士來到三峯神社，感受奧秩父的神聖能量！

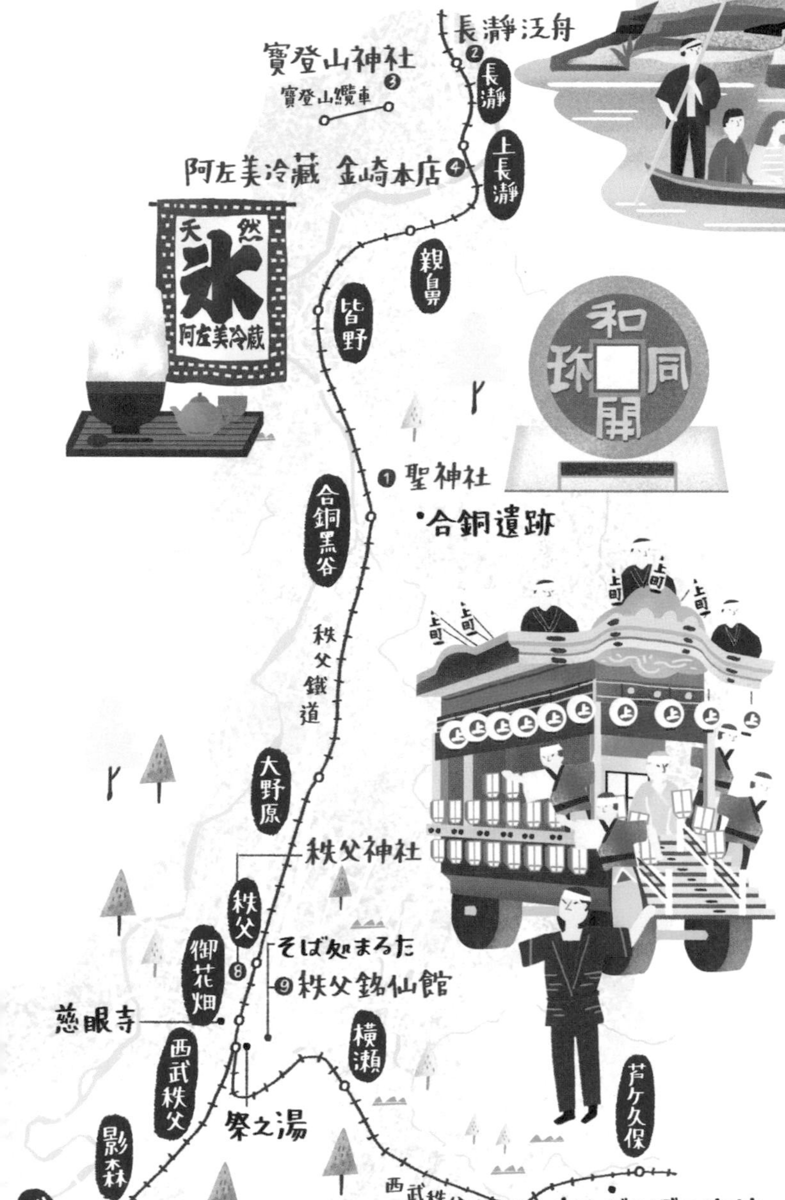

交通指南

東京→秩父

A 西武鐵道池袋駅搭**特急ちちぶ**可直達西武秩父駅，約1小時20分，¥1500。

B 從西武鐵道池袋駅也可以搭乘**普通車**前往西武秩父，需要在飯能駅轉車，1小時48分，¥790。

C 若是搭乘JR線，則可搭乘**上越新幹線**至「熊谷」駅後，再轉乘**秩父鐵道**，可至長瀞、秩父、三峰口等。上野→秩父約1小時46分，¥3370+¥880

西武線全線自由乘車券

針對外國觀光客推出西武全線自由乘車券，可自由搭乘西武線全線以及秩父鐵道指定區間。秩父鐵道自由乘車適用區間為：野上駅至三峰口駅。

價格：西武線一日券¥1000、二日券¥2000，西武線+秩父鐵道一日券¥1500、西武線+秩父鐵道二日券¥3000

購票地點：憑護照或是西武Emi卡(可在池袋TIC辦理卡片)，於池袋站特急券販賣窗口(1樓、B1樓)、池袋西武遊客資訊中心、西武新宿站特急券販賣窗口。

註：此自由乘車券不含西武多摩川線。

Day 1
搭乘西武鐵道前往秩父

從東京市區要前往秩父，搭乘西武鐵路最是方便。西武池袋駅就位在JR池袋駅的東口位置，與西武百貨共構，可別跑到西口去了！西武池袋駅，除了窗口售票處、售票機，在左手邊可看到旅遊服務中心，每天都會有不同語言的服務人員駐守，國外旅客可直接至此窗口購買車票與其他票券、詢問旅遊相關問題等。

Tips

除了 Red Arrow 之外，新型列車 Laview 由妹島和世設計流線造形引起話題，不妨鎖定這輛列車乘坐。

全新翻修的西武秩父駅，結合地方特色，還打造了個駅前溫泉街「祭之湯」；兩層樓建築內部分為溫泉區、美食區、商品販售區等，溫泉區則設有露天溫泉、內湯、岩盤浴、休憩空間。「祭」代表著秩父四季的各大祭典，讓來此的旅客一同感受歡樂氣氛。

秩父鐵道離西武秩父駅最近的，不是秩父駅，而是御花畑駅。過一條街來到御花畑駅，要搭乘秩父鐵道就先到這裡來轉車！

9:00 **池袋駅**

西武特急ちちぶ
1 小時 20 分
搭乘 9:30 的特急ちちぶ直達，¥1500。

11:00 **西武秩父駅**

步行
1 分
出站往秩父鐵道方向即達

11:15 **御花畑駅**

秩父鐵道
12 分
搭乘 11:39 開往羽生的普通車，¥310。

1 聖神社

地址：埼玉縣秩父市黑谷2191
時間：9:30~16:30

慶雲五年（西元 708 年）在秩父黑谷地區發現自然銅資源，將之鑄造為日本最初的流通貨幣「和同開珎」，繼而將年號改為「和銅」；其演變至今成為人們祈求金錢運的「聖神社」，當地人會以「銭神様」(ぜにがみさま，zenigamisama) 稱呼。因相當靈驗而吸引眾多遊客前來祈求開運。

Tips

沿著神社旁的小路及指示牌散步 15 分到和銅遺跡，參觀 5 公尺高的「和同開珎」。至一旁小川「銅洗堀」洗錢也能提升金運哦！

❷ 長瀞泛舟

電話：0494-66-0950 **地址**：埼玉縣秩父郡長瀞町長瀞489-2
時間：ラインくだり(泛舟)：3月上旬~12月上旬9:00~15:30；こたつ船(冬季限定)：1月1日~2月28日10:00~14:30
價格：ラインくだり(泛舟)，分A、B路線：大人￥1800起、兒童￥900起；こたつ船(冬季限定)：大人￥1000、兒童￥600
網址：www.chichibu-railway.co.jp/nagatoro/boat.html

欣賞長瀞荒川河景與岩畳絕景的超棒泛舟體驗，說是拜訪長瀞的必遊行程可不為過。航程途中可以遊覽岩畳及斷崖奇景，因荒川的水流千變萬化，乘坐當中有時平穩悠閒，有時突遇激流，十分刺激。

Tips
冬季可能因為枯水期或是強風而停止泛舟活動，出發前最好先查詢官網。

11:51 **和銅黒谷駅**

秩父鐵道
12分
搭乘12:46開往羽生的普通車，￥310。

13:00 **長瀞駅**

寶登山免費接駁車＋纜車
25分
纜車￥490

Tips
此接駁車依季節調整行駛時間，一般只在週末例假日的10:00~16:30間行駛，建議出發前先至官網查詢運行時間。網址：hodosan-ropeway.co.jp/

下車後月台有上有個和同開珎的巨大錢幣，昭示著這裡曾是生產日本最初的貨幣的原料「銅」產地。從車站出來後走約5分，穿過鳥居，爬上長長的參道就會來到❶**聖神社**，想要提升金錢運，來這裡祈求「銭神様」準沒錯！鎮座在秩父銅礦脈源的莊嚴的寺社被森林包圍，社境內的繪馬、御守等商品皆與提升金運相關。這裡還有一個公佈欄，專門用來張貼中彩券者的感謝與見證！貼得滿滿地真的很多人中獎呢！

出站後有觀光服務中心、自行車租賃服務、寶登山纜車接駁車，也可步行至長瀞岩畳景點。想體驗長瀞荒川之美最好方式就是搭上木製和舟，來一趟悠閒又刺激萬分的❷**長瀞泛舟**之旅，沿途遊覽岩畳及斷崖奇景。因荒川的水流千變萬化，乘坐當中有時平穩悠閒，有時突遇激流，十分刺激。此處八千萬年前都是海域，因板塊擠壓而逐漸演變奇岩及河川地勢，從高處看下的奇岩群看起來像是榻榻米般層疊交錯故名「岩畳」（畳，日文原譯為榻榻米，たたみ），因天然特色奇景而成為日本指定名勝以及天然紀念物。位於岩畳對岸有「秩父赤壁」之稱的斷崖絕壁更是不能錯過，壯麗景色吸引電視劇以及廣告前來取景。

❹ 阿左美冷蔵

電話：0494-66-1885
地址：埼玉縣秩父郡長瀞町大字長瀞781-4
時間：10:00~17:00
休日：週二

寶登山神社參道上開設的為其第二家分店，店內的桌椅是用剩餘木材製作，因此每張桌邊都擁有不同形狀。天然冰塊製成的刨冰吃來更為綿密與甘甜，配上店主自家熬煮的果汁與糖蜜更增風味。

❸ 寶登山神社

地址：埼玉縣秩父郡長瀞町長瀞1828
時間：4~9月8:30~17:00,10~3月8:30~16:30
網址：www.hodosan-jinja.or.jp/

發源於 1900 年前的「寶登山神社」，為秩父地區的三大神社之一，守護神因開運解厄、遏止火事、解除災難等為人知，因神社名「寶登山」有登上寶山之好意而吸引參拜人潮。其本殿為江戶時期建築，於 2010 年重新整修而有現在新穎樣貌，而位在寶登山上的奧宮為寶登山神社的原跡。

15:00 **寶登山** ← 秩父鐵道 **22 分**（至長瀞駅搭乘16:26往影森的普通車，￥480）← 16:48 **御花畑駅** ← 飯店接送 **10 分**（搭乘旅館專車）← 17:00 **宮本家**

Tips

三大神社中除了寶登山神社外，「秩父神社」的貓頭鷹繪馬象徵聰明，求得學業成就、「三峯神社」則能向神木祈求遇到好對象、覓得良緣。

Tips

夏季假日時人潮十分多，排隊2小時是基本起跳，若要省時間最好在開店前就先前往排隊。

在秩父市有三大神社，各自掌管不同能量，❸**寶登山神社**如同字面上的意思，象徵登上一座寶山，彷如代表著金幣，希望招來金錢運。寶登山的順遊行程可以先搭乘纜車至寶登山上，冬季可以看臘梅風景，春天則可看滿山杜鵑，四季皆有美麗景色，一出纜車山頂站後右手邊為小動物園區入口處，左手邊則往臘梅園以及奧宮方向，從奧宮山頂可眺望長瀞與遠方山景，之後再往寶登山神社方向下山。

下山時可以順道在寶登山神社的參道吃碗日本人也瘋狂的日式刨冰。❹**阿左美冷蔵**是已有一百三十年歷史的製冰業者，開設的冰店可是連當地人都會排隊的名店，受歡迎的秘訣就在其究極的「天然冰塊」。將天然冰塊削成像羽毛般輕薄，淋上無添加的美味果漿，入口即化的夢幻口感讓人深深著迷。

回到秩父的市中心，聯絡入住的旅館「宮本家」前來接送。

入住有兩百年歷史的農家旅館，雖然位置較偏遠，但有提供接送十分貼心。晚餐則是豐盛會席料理，吃飽泡個溫泉十分享受。

5 三峯神社

地址：埼玉縣秩父市三峰298-1
時間：自由參拜，社務所9:00~17:00
網址：www.mitsuminejinja.or.jp/

位在秩父地區西南方位置奧秩父的「三峯神社」，為秩父三大神社之一，位置海拔約高1100公尺，因而被稱為「最靠近神的神社」，也是關東地區佔地最大的能量景點！神社後方的小路上的「結緣木」，原本只是兩顆筆直的樹木，不知何時開始相互依偎，從此人們將之視為結緣木，在這裡分別寫下自己及喜歡對象的名字，再將紙張緊密地捲在一起，投入木箱中，祈求良緣圓滿成功！

8:00 **宮本家**

飯店接送 **10分**
飯店大多提供接送，不妨多加利用。

9:00 **西武秩父駅**

西武巴士 **1小時20分**
至5號乘車處搭乘9:10開往三峯神社的巴士，終點站下車，￥950

10:30 **三峯神社**

西武巴士 **50分**
搭乘12:30開往三峰口駅、西武秩父駅的巴士，至三峰口駅下車，￥690

Day 2 能量旅行 必訪景點

早起再泡一次溫泉，享用豐盛的早餐後便準備出發。

要玩秩父，可在西武秩父駅旁的服務處租借腳踏車漫遊周邊景點，慈眼寺、秩父神社、東町商店街等。但由於早上預計要前往三峯神社，感受秩父的神聖能量，便到巴士站去等車。秩父市區景點，回程再來玩！

5 三峯神社是有名的戀愛神社，其中超熱門「氣御守」除了有綠、粉、紫、紅各色可選擇，在每月一號還會發行限定款白色！白色在日本被視為太陽顏色，也有神聖純潔之意，其大紅的原因是因日本花式溜冰選手淺田真央的姐姐，曾到三峯神社為妹妹祈求「氣」御守，後來淺田真央在比賽中得到好成績，此報導一出後每月一號神社便會擠得水洩不通，甚至在月底的晚上就有人來排隊只為求得好運「氣」！

Tips

神社兩旁的兩顆巨大神木散發出沉穩的山林能量，可以拿著買好的御守到神木開始祈求儀式，藉由吸取神木的「氣」來獲得力量與身心靈寄託。

⑦ SL PALEO Express

電話：048-523-3317(秩父鐵道SL係)(9:00~17:00)
時間：以週六、週日、假日1天1班往返為主行駛，行駛日期與時間需事先洽詢或至網路查詢
網址：www.chichibu-railway.co.jp/slpaleo/

搭乘 SL PALEO Express 古老蒸氣火車，體驗懷舊鐵路氛圍。行經車站有熊谷、ふかや花園、寄居、長瀞、皆野、秩父、御花畑及三峰口共 8 站，並分為往（熊谷→三峰口）、返（三峰口→熊谷）兩路線，可自由選擇上、下車車站，基本上只有週末及國定假日行駛，但遇到暑假或是楓葉季時期部分平日也會行駛。

⑥ 大島屋

電話：0494-55-0039
地址：埼玉縣秩父市三峰297 (三峯神社鳥居前)
時間：10:00~16:00
價格：草鞋豬排丼(わらじカツ丼)￥1100

位在三峯神社鳥居前的「大島屋」，是間提供休憩、餐點以及伴手禮的商店。其店家歷史可從明治時期開始，也是參道上的老店代表之一。店內最知名的是手工蕎麥麵，以及秩父名產草鞋豬排，另也有供應多種餐點。

13:30
三峰口駅

SL PALEO Express
32 分
搭乘 14:05 開往熊谷的 SL 列車，￥990

Tips
除了基本車票外，搭乘指定席預加購 SL 座位指定券￥740，搭乘自由席需加購 SL 整理券￥520。

14:40
秩父駅

步行
8 分
沿著番場通り往西武秩父駅方向走

午餐可以來到位在三峯神社鳥居前的⑥**大島屋**品嚐秩父B級美食。份量超大的草鞋豬排，紮實的兩大片豬排盛在白飯上，淋上醬汁十分誘人。大島屋的戶外座位區看到更美麗的山中景緻，若天氣不熱不妨選擇戶外座外，更加愜意。

復古的秩父鐵道SL火車⑦**SL PALEO Express**，上午從熊谷駅駛來，下午則是回程。在三峰口這裡可以見到回轉火車頭的回轉台，當列車進站沒多久後，便會駛入內部車庫回轉。而三峰口駅內還有一個秩父鐵道車輛公園，在這裡可以看到許多活躍在昭和年代時的火車，懷舊風情滿點。等待火車出發前，不妨在這裡走走逛逛，會有許多意想不到的發現！

特地跳過御花畑駅，來到秩父駅下車，沿路邊走邊逛，玩回西武秩父駅也很不賴！出站後先到⑧**秩父神社**欣賞古老的寺社風景，感受神秘的宗教氣息。離開神社後沿著番場通り步行至慈眼寺的四百公尺長商店街

9 秩父銘仙館

電話：0494-21-2112 **地址**：埼玉縣秩父市熊木町28-1
時間：9:00~16:00 **價格**：入館￥210

秩父地區屬盆地地形，不利於種植蔬果而改以養蠶作業，因此發展出紡織工業，其中知名的絹製和服「秩父銘仙」更被指定為國定傳統工藝品。在館內展示從養蠶、煮蠶絲、編織、染色等過程，另也有預約制的手染、編織等體驗工房。

8 秩父神社

地址：埼玉縣秩父市番場町1-3
時間：8:30~17:00
網址：www.chichibu-jinja.or.jp/

秩父神社創立於 2100 年前，德川家康於 1592 年請來名匠左甚五郎在神社四周外牆雕刻著不同的動物圖案，「鎖龍」、「養子之虎」，另外兩面為象徵聰明的北辰之梟、元氣三猴，呈現出莊重及華麗美感。此處為秩父地區的總社，每年 12 月舉辦的秩父夜祭更吸引上萬的各地遊客。

20:15 池袋駅

西武秩父線
1 小時 50 分
搭乘往飯能的普通車，再轉西武池袋線至池袋。￥790

17:00 西武秩父駅

Tips

秩父札所巡禮

札所意指安置觀世音菩薩的寺廟，也被稱為觀音靈場。秩父札所從編號第 1 號四萬部寺至第 34 號水潛寺一巡約 100 公里，虔誠佛教徒會以步行方式巡禮。

融入秩父人的生活。漫步在石板街上、經過充滿在地感的民居，夾雜在昭和氣息商店中的年輕店家，展現出活潑的衝突美感。若是對秩父祭典有興趣，也不要錯過運用最新技術，通過光和聲的表現，再現秩父夜祭盛況的秩父祭会館。

走回御花畑駅後，也先別急著去坐車。從東町通再往東走一些，可以到⑨**秩父銘仙館**體驗銘仙和服試穿，美麗紋樣讓人穿上後立刻提升氣質。若是對這項傳統織布技藝有興趣的人，這裡亦有招覽學員開設正式的編織課程，讓編織的傳統不失傳。

逛回這裡，再至「祭之湯」泡溫泉休息一下。或是吃個飯、買些伴手禮，便可以搭車回東京市區啦！

Tips

路上常會看到像是縮小版的綠色寺廟「どこいくべぇ」，散布市內共有 100 座，每一座皆有不同意義，像是金錢運、戀愛運！

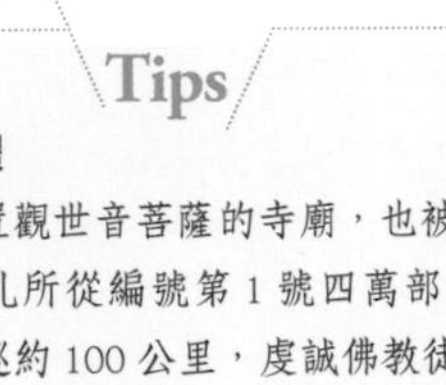

❶和銅黑谷駅的月台上就可以看到大大的和銅開珎的錢幣造景 ❷夏日高高掛起的阿佐美冷藏旗子 ❸老街上的冰鎮小黃瓜，為酷暑帶來些許清涼。 ❹搭乘木製和舟遊長瀞荒川 ❺&❽秩父市區美食 ❻三峰神社的「氣」御守，一定要求一個帶回家得到好運氣。❼無法在夜祭期間前來秩父，不妨來「秩父祭會館」體驗聲光效果極佳的重現場景。 ❾路上的消防蓋都有特色的夜祭圖紋。

再多玩一些

秩父高原牧場

交通：花園 IC 開車約 50 分
電話：0494-65-0311
地址：埼玉縣秩父郡東秩父村大字坂本 2951
時間：8:30~17:15
休日：週一、年末年始
價格：免費入園

秩父高原牧場約 1500 萬株紅色、粉色、橘色、白色罌粟花造就各式漸層花暈，映上綠野及湛藍天空更顯其嬌嫩，是於五月中與六月初才能看到的美景。因花田位於標高 500 公尺的高原，綻開的花蕊彷若能觸及藍天也被稱為「天空罌粟花」。

今宮神社

交通：御花畑沿東町通步行 8 分
電話：0494-22-3386
地址：埼玉縣秩父市中町 16-10
時間：自由參拜

今宮神社是秩父市區裡的一方神靈之地，綠意環繞、涼風徐徐。祭祀龍神「八大龍王」有三要素：一為地方需有靈山，在秩父有「武甲山」，二為需有岩洞抑或樹洞，境內即有一顆樹齡超過千年的「龍神木」千年欅，三需有湧泉之處，即為「龍神池」。而在龍神木對面有一處被環境署評選為平成名水百選的武甲山伏流水泉源「清龍瀑布」，在池邊可看到提供民眾洗錢或首飾的籃子，因水質清涼沁心，有不少旅人直接飲用。

西武鐵道 52 席の至福

限定車次：早午餐：池袋→西武秩父 11:02 發車、西武新宿→西武秩父 10:40 發車，晚餐：西武秩父→池袋 16:12 發車、西武秩父→西武新宿 16:12 或 17:16 發車

價格：早午餐：1 人￥10000、晚餐：1 人￥15000(含西武線 1 日券)

網　址：www.seiburailway.jp/railways/seibu52-shifuku/

西武鐵道推出每日限定 52 席的觀光列車「52 席の至福」，讓旅人乘車時體驗最棒的服務；列車上供應高級法式料理，行車間的景緻將口中美味昇華至最高享受，列車菜單將每三個月更換一次，並依季節推出限定餐品。建議提前 2 個月至網路訂位，感受限定服務。

あしがくぼの氷柱

交通：芦ケ久保駅出站徒步 10 分

電話：0494-25-0450

地址：埼玉縣秩父郡横瀬町芦ヶ久保 159

時間：每年 1 月上旬 ~2 月底，平日 9:00~16:00，週五、六、日、國定假日 9:00~20:00

價格：￥400

「冰柱」是秩父地區在冬季的限定景色，從 12 月的夜祭結束後便會開始著手將滿山白雪灑上水，一直到 12 月底將之形成壯觀的冰柱景象，每年展期約在 1 月初至 2 月底舉行。在秩父地區有三個地方可看到冰柱，芦ヶ久保的蘆久保冰柱(あしがくぼの氷柱)、小鹿野町的尾之內百景冰柱(尾ノ内渓谷百景氷柱)，以及在大滝的天然冰柱景象三十槌冰柱(三十槌の氷柱)，其中以蘆久保冰柱交通較方便，且可看到冰柱以及火車同框景象最廣為人知。

來去住一晚

百年農家屋敷，吃田野美食、泡露天溫泉

宮本家

位在秩父小鹿野有座宅邸，經過兩百年歷史，如今開放成住宿空間，不但提供優質溫泉、美味餐點，也有農家體驗等活動，不論是親子同遊，或是想要來去鄉下感受日本鄉村風情，都適合來這裡，坐在圍爐前，好好感受這一刻的寧靜。

宮本家

交通：提供西武秩父駅免費接送（需預約）
地址：埼玉縣秩父郡小鹿野町長留 510
電話：0494-75-4060
時間：Check in15:00、Check out10:00
價格：一泊二食 1 人￥20000 起
網址：www.miyamotoke.jp/

百年農豪

宮本家的屋敷有2百多年歷史，是當初的農豪建築。

里山佳餚

大量使用秩父當地食材製作的里山料理，是入住宮本家的一大亮點。

舒適房型

只有6個房間的宮本家全都是日式的榻榻米房型，有的面向庭園，有的附半露天陶器溫泉，十分享受。

以兩百年傳統農家屋敷樣貌重現純和風生活模式的「宮本家」，絲毫沒有一般飯店的模式，而是維持著日式傳統，以如同日本大河劇中的場景，庭園與純樸的民風，接待著來自不同國度的旅人。

純和風溫泉宿

原本是相撲力士的第12代當家宮本一輝親自迎接旅客入住，說明宮本家館內提供六間不同房型，一日限定接待6組客人。館內還有一個改建自倉庫的小酒吧，裡面有他收藏幾十年的美酒，也有自家釀造的水果酒醋，全部大方與客人分享。來到酒吧二樓，還可以參觀日式人形、屏風與主人當相撲力士時代的報導、獎牌等。

宮本家的六間房全都是日式的榻榻米房型，其中的隱居之間、嫁之間、當主之間以及蘭之間，房內附有半露天陶器溫泉，面對著庭園，有著最私秘的泡湯空間。另外館內還有提供三種不同風呂，像是燒柴火的鐵製圓鍋大釜風呂、適合家族使用的貸切風呂（私

人風呂），以及在本屋的柚子風呂，每一種都能讓人好好放鬆，享受溫泉的潤澤。

美味里山料理

使用當地食材製作的里山料理更是不能錯過，自家栽種的有機野菜、蔬果，小流裡捕捉的河魚、物產豐饒的山中野味，經過巧手烹調，吃得到食材最原始的美味，更是讓人身心大大滿足。

藏元酒吧

改建自倉庫的小酒吧，收藏宮本家主人「宮本一輝」的藏酒。珍貴的品項只用來接待住宿客。

自家釀風味

晚餐前可先到「藏 bar」酌飲一杯宮本家自家釀製的風味酒，可從50種口味當中任選。

半露天浴池

充滿隱密性的半露天溫泉，讓人享受熱泉的潤澤時，也能同時將天光美景納入眼底。

秩父伴手禮

秩父的觀光景點集中在市區、長瀞與三峰神社一帶，每個景點都有不同特色，相對應的伴手禮也不同。有些共通的東西到處都有，但地方限定的品項則要把握，過了這個村可能就沒下個店，喜歡就可以入手。

金運財布

聖神社

來到聖神社求金運，除了御守外，也別忘了買個金運錢包，可以把存摺、彩券放在裡面，添加好運。金色布料兩邊畫的蜈蚣（百足）是聖神社的神寶，也象徵不為錢困擾。

交通：和銅黑谷駅出站步行 5 分
電話：0494-24-2106
地址：埼玉縣秩父市黑谷 2191
時間：9:30~16:30

清酒

武甲酒造

使用入選平成名水百選的「武甲山伏流水」製作出有名的秩父銘酒，店內除了正宗日本酒，還研發結合柚子、桃子、梅子等風味酒。名為「桃萌」的這款梅酒帶著夢幻粉色，一推出就大受好評！

交通：秩父駅出站步行 3 分
電話：0494-22-0046
地址：埼玉縣秩父市宮側町 21-27
時間：8:00~17:30

楓糖汽水

長瀞駅賣店

天然的楓樹樹液有 2% 為糖分，亦有豐富的礦物質、有機酸，熱量又比一般的蔗糖更低，是十分好的甜味劑。利用秩父盛產的楓樹液製成的楓糖汽水，喝來柔順，甘爽的口感十分特別。

交通：各大觀光景點賣店都有售
電話：0494-66-3331
地址：埼玉縣秩父郡長瀞町長瀞 529
時間：10:00~16:30

眼茶

慈眼寺

慈眼寺為秩父 34 間札所中編號第 13 號的寺廟，一如名稱「慈眼」，此寺廟是以為保護眼睛為主，寺內販售含眼藥成份的日光槭樹皮製作而成無含咖啡因的眼茶，是來這裡必帶的禮物。

交通：御花畑駅出站步行 1 分、西武秩父駅出站步行 5 分
電話：0494-23-6813
地址：埼玉縣秩父市東町 26-7
時間：8:00~16:00

杓子菜漬

万寿庵

秩父盛產的杓子菜，也就是我們所說的青江菜，整株整株下去醃漬，使用獨特的醃料，嚐來清香甘爽，有多樣口味、漬菜種類可以選擇，全日本可是只有秩父找得到哦！

交通：長瀞駅步行 1 分
電話：0494-66-3555
地址：埼玉縣秩父郡長瀞町長瀞 447
時間：9:00~17:00

一泊二日小旅行 9

復古佐原 歷史風情畫

小江戶風光滿喫 遊逛水鄉隨興漫步

刺激度★★
浪漫度★★★★
交通便利度★★★
水鄉美景量★★★★★

佐原過去為江戶幕府直轄領地（天領），因位處水運道——利根川與小野川旁，成為水運貨物的集散地，活絡的商業活動帶動佐原的發展，讓當地繁盛一時，使佐原有著「小江戶」之稱。現在在小野川下游的忠敬橋附近一帶，還留存著當時的土藏造商町建築，滿溢著歷史風情的街景與流淌其間的小野川相得益彰，優美如曲的水鄉風光令人陶醉不已。

來到這裡可不用想著跑遍所有景點，搭搭遊船玩賞運河後，不妨放慢腳步，就在老街、運河旁隨興散步，看到喜歡的店就進去坐坐，有趣的伴手禮就帶回家與親友分享，漫無目的地的遊逛，再搭上循環巴士到香取神宮參拜，隨意而行才是領略這方天地的不二法門。

悠遊佐原小旅行

佐原值得遊逛的區域離火車站還有一段距離，如果從東京市中心前來，最適合的便是搭乘高速巴士，直接就會在町中心下車，不但不用轉車，也省去行李搬運的困擾，直接入住飯店最輕鬆。

交通指南

東京→佐原

A 從東京要搭乘電車前往佐原，最少都要轉2次車。東京駅搭**JR総武線快速**至「千葉」駅，再轉乘**JR総武線普通車**到「佐倉」駅換**JR成田線**，達「成田」駅後，再轉成田線至「佐原」駅，全程約需要2小時，¥2980。

B 從東京駅八重州南口，可以搭乘由**千葉交通**、**京成巴士**聯運的「銚子～東京駅線」，選擇途經佐原、小見川的的班次即可直達「佐原駅北口」。單程約1小時30分，¥1900。

網址：千葉交通www.chibakotsu.co.jp/ 京成巴士www.keiseibus.co.jp/

C 從東京駅八重州南口，可以搭乘由**關東鐵道GREEN巴士**的「鉾田・麻生・潮来・佐原・香取神宮～東京線」，可直達「香取神宮」、「忠敬橋」（靠近佐原觀光中心）、佐原駅。單程約1小時30分，¥1900。

網址：www.kantetsu.co.jp/green-bus/

成田機場→佐原

成田空港駅搭乘往東京方向的列車，至「成田」駅後，再轉成田線至「佐原」駅，全程約需要1小時，¥680

休日循環巴士

循環巴士行駛路線會經過佐原駅、諏訪神社、忠敬橋、水の郷さわら、牧野、水郷佐原山車会館、香取神宮等景點間，巡迴一周約40分。

時間：週末及假日9:20~17:40(一日13班)

休日：平日、12月29~1月3日

價格：單程成人¥300、中高生¥100、小學生免費，一日券成人¥600、中高生¥200

購買地點：佐原駅前觀光案內所、佐原町並み交流館、巴士車內。

1 小野川遊船

電話：0478-55-9380
地址：千葉縣香取市佐原イ1730-3 伊能忠敬紀念館前乘船
時間：10:00~16:00(依季節而異)，一趟約30分。年末年始休
價格：大人￥1300、小學生￥700
網址：www.kimera-sawara.co.jp

被指定為重要傳統建造物群保存地區的佐原，懷舊商家建築滿溢著江戶情緒，要想細細品味佐原水鄉的美好風情，最推薦的就是小野川遊船。遊船小舟雖已在多年前從撐篙的方式改成馬達，但依舊讓乘客無比雀躍，全程約30分鐘的航程中，可欣賞兩岸的土藏造建築與綠意垂柳夾道的美景，幸運的話還可看到火車從頭頂上行駛而過。

9:30 **東京駅八重洲口**

關東鐵道巴士
1小時30分
搭乘9:50的「鉾田・麻生・潮来・佐原・香取神宮～東京線」，單程約1小時30分，￥1900。

Tips
這條路線的平日班次只有15:30一班，週末六日才會加開9:50、18:50的車次，在安排行程時要特別注意。

11:10 **忠敬橋站**

步行
1分
下車即達

11:15 **佐原商家町ホテル**

步行
2分
出大門過桶橋，乘船處即在對岸。

Day 1
搭乘巴士輕鬆前往佐原水鄉

在東京車站要搭乘高速巴士，請認明「八重州南口」這一側。從這裡的改札口出來直直走，就可以看到往高速巴士站的指標。在站台旁有候車室，裡頭有投幣式置物櫃、自動售票機，放行李或買票都自己來。另外這裡也有便利商店，搭乘高速巴士前不妨先來補給零食飲料，以免路上口渴肚子餓哦。

在佐原駅的前一站「忠敬橋」就下車。因為這裡是佐原水鄉景點最集中的地方。先來到今晚要入住的旅館，寄放好行李便可以開始水鄉漫遊行程。

Tips
有時假日雖然人潮多，但因為船班也是滿了即發，所以等一下就好，不必太擔心。

❷ 伊能忠敬生家

電話：0478-54-1118
地址：千葉縣香取市佐原イ1900-1
時間：9:00~16:30，年末年始休
價格：免費

屋宅就面臨著小野川與樋橋，這裡是伊能忠敬 17 歲入贅伊能商家後，店鋪兼住宅之處。伊能在此生活了 30 年，直到 50 歲才離開前往江戶（東京）學習天文學。經營釀造業的伊能旧家，除了可以進入參觀店鋪內部外，店鋪後方則是住宅、庭院及土藏，江戶時代的建築歷史、加上是伊能 30 年生活遺跡，因此昭和時即被指定為國定史蹟。

12:00

小野川遊船

步行 **1分**

下船處即達

Tips

冬天有暖爐遊船，在寒冷天氣裡也能舒服遊覽水鄉。

13:00

伊能忠敬尋禮

Tips

麻生屋的招牌上寫著大大的「すずめ焼」，指的就是將河中撈起的小鯽魚剖背串起，以醬汁燒烤的料理。甜甜的很適合當佐餐小菜，店內也有真空包可購買。

步行 **3分**

沿著小野川往北走即達。

寄放完行李後，就可以開始佐原的散步行程。佐原小野川運河與垂柳、兩岸的日式古建築結合成美麗的小江戶風景，漫遊其中何其浪漫。其實佐原雖然不大，但古老建築就是集中在這一帶，建議一定要體驗❶**小野川遊船**，坐在彷古的小船上，由船家解說兩岸景點，能以不同的視野欣賞。若是運氣好，還能聽到船家吟唱的船歌，更添古都風情。乘遊船時會行經幾座小橋，其中這座忠敬橋幾經改建成為現今的樣貌，名稱取自江戶時代的地圖測繪家伊能忠敬，而橋上的裝飾則是以其測量器具為雛形製作。搭乘時千萬不要錯過囉！

搭完船後，也接近中午用餐時間。可以在小野川沿岸隨意走走，看到有興趣的店家就進去吃吧。若是不知道吃什麼的話，推薦麻生屋的現烤鰻魚十分有名，肉質細嫩少刺，加上香甜醬汁以備長炭小火慢烤，香氣十足。另外也有炸蝦天丼、炸溪蝦等，想要品嚐最道地的美食，就不能夠錯過這裡。

填飽肚子後，繼續來到❷**伊能忠敬生家**，如同字面上的意思，這裡是伊能忠敬出生成長的地方。有人說來到佐原，就不能不知道伊能忠敬這號人物。他到底有多令人敬佩，讓他在佐原到處都有紀念碑？

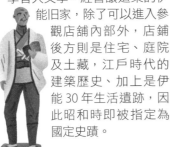

❹ さわら十三里屋（舊正文堂書店）

電話：0478-51-1105 **地址**：千葉縣香取市佐原イ503
時間：週末、例假日營業，11:00~17:00(茶屋~16:30)
價格：銅鑼燒￥200
網址：www.shirohato.com/jusanri

黑色厚重、2層樓的土藏建築，建築物外面掛著「正文堂」招牌，但往裡一看卻是一家和菓子店＆喫茶處。建於1880年的這個老建築，過往是老書店正文堂，書店消失後再歷經地震整修，成為縣指定文化財的建築就被重新運用，進駐並以佐原名物的地瓜做成創新風味銅鑼燒，美妙的滋味與老建築合奏出令人難忘的風味。

Tips

由江戶末期出生的名書家 谷修所書寫的「正文書堂」，也是建築的亮點之一。

15:00

十三里屋

步行
3分

出店後往右走，沿著中央商店街即達。

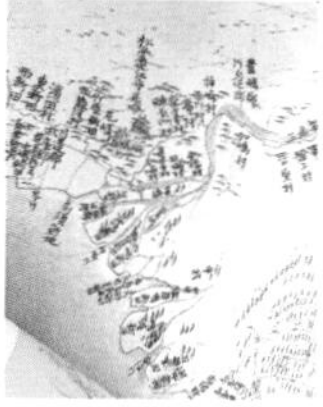

❸ 伊能忠敬記念館

電話：0478-54-1118 **地址**：千葉縣香取市佐原イ1722-1
時間：9:00~16:30 **休日**：週一、年始年末
價格：￥500、中小學生￥250

50歲前致力經商，卻在50歲後發憤學習天文地理，江戶時代的地圖測繪家反而成了他留名青史的稱呼。50歲後至73歲過世，他傾後半生心力踏遍日本、終於在他逝世後3年，由弟子接力完成日本第一張全國地圖《大日本沿海輿地全圖》，不但準確度與現今真實日本相當接近，更打開自古以來日本自身與世界對日本的認知。

Tips

館內複製展示了10多張分區繪製完成的地圖，任誰看都覺得跟衛星觀測下的日本差異不大，精彩絕倫千萬不能錯過。

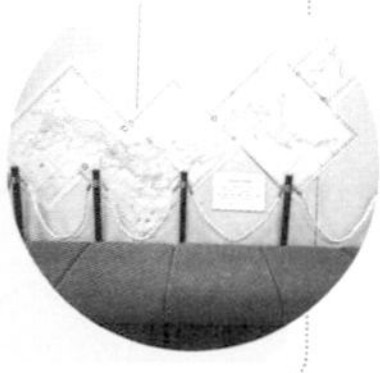

他可是日本首位以實測方式畫出日本全國地圖的人，其第一張地圖「大日本沿海輿地全圖」共耗時17年完成！而整個繪製的宏大之旅不僅紀錄下地理與地形，也包含天文與日月觀測，多達10次的大旅行，歷經危險與疾病，甚至愛徒與兒子都在旅途工作中去世，忠敬的心碎不難想像，卻依舊不放棄，最終得以向世人展現日本真實全貌，後世也將這非凡成就的地圖稱為「伊能圖」。

逛完伊能忠敬舊家後，穿過小野川對岸就是**❸伊能忠敬記念館**。不同於他舊家是看看建築與歷史空間，這裡主要展示當時田野調查的縝密紀錄及測量儀器，透過欣賞這些文物，也讓人敬佩他們在江戶年代，艱辛的地圖繪製工作。

逛了一下午，也覺得有點累了。沿著小野川走，來到**❹十三里屋**的咖啡廳休息吧。這裡是以芋頭為主題的甜點店，名稱的由來是當時的俗語「比栗子還甜（あの栗より甘い）」栗發音與「九里」相似，より與「四里」相似，所以兩者相加就是十三里啦！一邊聽著店員說著這個有趣的典故，一邊品嚐美味的芋菓子，旅途的疲勞都消失了。要注意的是，這裡只有週末、例假日營業，平日造訪的人就可惜了。

⑤馬場本店酒造

電話：0478-52-2227
地址：千葉縣香取市佐原イ614-1
時間：9:00~17:00，不定休
價格：見學免費

佐原是江戶時期利根川貨物運輸的重要中繼地，一直以水鄉著稱，同時也是白米的盛產地。有好米、有好水，當然就會有好品質的釀造產品，像是清酒、味醂等，從米麴所延伸的製品，都是馬場本店的強項。創業三百餘年，一直堅持傳統製法，現在來到這裡除了可以購買產品，也開放入內試飲、參觀見學，運氣好的話還能看到職人的釀酒風景哦！

15:30 **馬場本店酒造**

步行 3分
走回忠敬橋即達。

16:30 **佐原商家町ホテル**

9:00 **佐原商家町ホテル**

步行 2分
出飯店過忠敬橋，左轉沿著小野川走即達。

除了與伊能忠敬相關的景點必遊之外，佐原自古土壤豐饒水源豐沛，一直是著名的漁米之鄉。可以順道前來天和年間就創業的⑤**馬場本店酒造**參加見學活動。超佛心的是見學行程是免費的，由職員帶著你參觀有百年歷史的空間與古道具，運氣好的話也有機會看到職人釀酒風景。見學完了後，還可以試飲使用山田錦釀造的清酒、燒酎等，喜歡煮飯的人也別錯過這裡的味醂，純天然釀造十分少見珍貴，一定要帶一瓶回家！

今晚入住的是由商家改建的町屋飯店，不但可以體會日本風情，更值得期待的是晚餐由地產食材所製作的法式料理，再配上當地清酒，美食美酒讓人好好放鬆。

Day 2 SL蒸氣火車 復古風情

起床後享用美味的法式早餐，再到運河旁散步，趁觀光客來臨前好好感受早晨的靜謐時光。

❻ 夢時庵

電話：050-5798-6665
地址：千葉縣香取市佐原イ3403-2
時間：11:30~14:00、17:30~20:30(L.O.20:00)，週二休
價格：午間套餐￥2200起
網址：r.gnavi.co.jp/p722400

改造自百年建物的法式料理餐廳，外觀是傳統的日式風格，裡頭則是優雅大方的用餐空間，1 樓向外望去就是小野川，挑高的 2 樓則營造出遼闊的空間。夢時庵的人氣菜單就是以銚子港漁產烹煮的魚料理，以及法國產的鵝肝料理，再搭配上自家製的天然酵母麵包，美味讓人回味。

11:30

夢時庵

Tips
公車只在週末例假日運行，請注意班次時刻。

循環巴士
10 分
回到忠敬橋站搭乘 13:29 的班次，約 10 分鐘的車程就能到達，￥300。

Tips
若無法配合公車時段，在水鄉佐原観光協会有租借腳踏車服務(レンタサイクル)，從車站到香取神宮距離約 4 公里，不妨輕裝上路來一趟悠閒自行車之旅。
地址：水鄉佐原觀光協會駅前案内所
電話：0478-52-6675
時間：9:00~16:30(雨天不提供出借)
價格：一般單車一天￥500、電動腳踏車一天￥700
網址：www.suigo-sawara.ne.jp/

13:40

香取神宮

關東鐵道巴士
1 小時 30 分
搭乘 15:06 開往東京市區的班次，￥1900。

早上悠悠哉哉的待到退房後，再散步來到小野川沿岸的❻**夢時庵**品嚐午餐。位在小野川沿岸的夢時庵，以在日式老建築中享用本格的全套法式料理著名。小資族最適合在中午時段來享用超值的午間套餐，不但價格親民讓人毫無負擔就能品嚐到日法交錯的奇妙美食饗宴，氣氛更是輕鬆愉快，不用因為是法式料理就過於拘束。推薦品嚐國產牛的沙朗牛排或是早上才從銚子港新鮮打撈的季節鮮魚料理，絕對會讓味蕾感受到前所未有的體驗。

要離開佐原前，千萬不要錯過❼**香取神宮**。很少有一個神社竟在平日也得排隊等拜拜，香取神宮會如此熱門的原因，當然不僅僅是其兩

7 香取神宮

地址：千葉縣香取市香取1697-1 **時間**：自由參觀；寶物館8:30~16:30
價格：寶物館￥300、小孩￥100
網址：www.katori-jingu.or.jp

供奉經津主大神的香取神宮，是日本全國約 400 處香取神社的總本宮，依照平安時代所編的《延喜式神名帳》，過去稱為神宮的只有伊勢神宮、鹿島神宮、香取神宮三處，地位之尊崇可想而知。在杉林鬱蓊的神社境內，有多處建物被指定為重要文化財，包含德川綱吉將軍建造的本殿、朱紅色的樓門等，靜謐莊嚴的氛圍，有種遠離塵世真的來到神之領域的錯覺。

16:40

東京駅日本橋口

Tips

若是行李較多，寄放在飯店得要回到佐原領取的話，建議不要搭巴士回東京，要改搭電車，時間較為充裕。

Tips

如果遇到連續假日記得要先訂票，因為這裡不是起站，有可能會沒有位子。

千六百多年的悠久歷史，再加上他在明治之前可是受到皇室崇敬的日本三大神宮（另外兩處是伊勢神宮、鹿島神宮），離東京最近的這處神宮，祭拜的「経津主大神」在日本被認為是代表武道之神，也是關東地區數一數二的求勝能量景點。

回到東京時間也已經晚了，到飯店放行李稍事休息，即可繼續市區內的美食購物行程。

Tips

來到神社必定要帶回御守，將好運一併帶在身上。

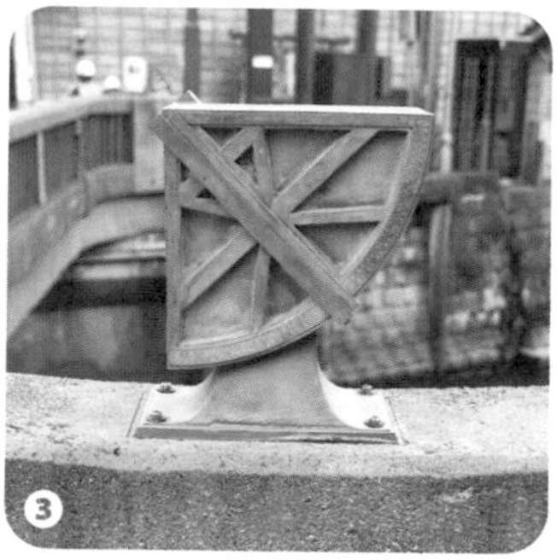

❶佐原駅的木造駅舍充滿古風，裡頭也有小賣店可以打發等車時間。 ❷從車站走到觀光區，沿路指標清楚不怕迷路。 ❸忠敬橋上的裝飾是以伊能忠敬的測量器具為原型 ❹土藏的牆與窗戶都十分厚實，在佐原街上隨處可見。 ❺以伊能忠敬為原型設計的吉祥物娃娃 ❻十三里屋賣的芋菓子，甜甜蜜蜜十分可口。 ❼在小野川畔散步，看到天鵝遊過天鵝船旁，十分逗趣的畫面。 ❽傳統的手烤米菓點心 ❾三月造訪可以在店家看到擺出來的女兒節裝飾「雛人形」 ❿連店門口的吉祥物都穿上伊能忠敬的外衣、拿著旗子。

來去住一晚

古風旅館中讓靈魂休憩，穿越百年時空，見證老屋展翅重生

佐原商家町ホテル

日本擁有著無比豐富的住宿選擇，其中又屬NIPPONIA別具魅力。進駐別具意義的古建築中，將其改造成高級住宿，引領大家一同穿越百年時空，在各式各樣韻味獨具的古風建築裡，找尋到靈魂休憩的淨土。

NIPPONIA取名自曾一度在日本滅絕的朱鷺學名「Nipponia nippon」，讓深具意義的老建築與珍貴而美麗的鳥兒一樣展翅再生。來到佐原這座小小的町鎮，你會發覺沿著河岸的景色十分一致，古町商家復原得十分完整，而NIPPONIA佐原商家町ホテル，便是隱身其中，將超過百年歷史的6幢建築以摩登風情重現在世人眼前。

整個小鎮都是飯店的一環

一抵達佐原，Check In的地點便在KAGURA棟。這裡曾經是地元酒造「馬場本店」用來釀造存放味醂的倉庫，挑高的空間結合曾經用來釀造的各種設計充滿特殊風情，現在用來當作接待櫃台與餐廳使用。充滿歷史感的非日常空間，帶人進入時光隧道，辦完手續後便會由工作人員帶領，踏上街道，散步到預定的房間。

正是這種將整個小鎮當作一個旅館的經營概念，房間散落在小鎮裡，加深了與當地的連結。

四幢住宿空間各有所異，像是YATA棟以民治建成的母屋與倉庫改建成揉合了洋館與日本家屋特色，洋溢大正摩登氣息的主屋

和風摩登

將百年老房子加以改造，保留過往記憶元素，再結合摩登舒適的空間設計，營造出異於日常的居遊空間。

佐原商家町ホテル

交通：搭乘巴士至「忠敬橋」站下車
地址：千葉縣香取市佐原イ 1708-2
電話：0120-210-289
時間：Check in15:00、Check out12:00
價格：素泊 1 人￥22000 起
網址：www.nipponia-sawara.jp

保存老記憶

NIPPONIA 在改造老房子時，皆會留下歷史細節，無論是室內室外，讓時光彷彿留在那個年代，任後人憑弔。

日法美食融合

將千葉特產食材，以法式料理的手法呈現，提供住客另一種美食之宿的新感受。

佐餐地酒

餐廳提供多種美酒佐餐。除了有紅白酒外，精選千葉的地方清酒，讓人品嚐更多在地滋味。

老屋活化計劃

SEIGAKU棟原本是在明治時期的清宮利右衛門邸，保留外牆不破壞老屋原本特色，是活化計劃中很重要的一環。

與獨棟客房；AOI棟是原在小野川畔曾被稱呼為「柳半別邸」的料亭，由於位在大路旁，祭典時山車就會從屋前經過，十分有迫力。SEIGAKU棟以黑壁為主視覺印象，原是在明治時期經營穀物買賣的「清宮利右衛門邸」；GOKO棟則是保留了中村屋商店販售日用雜貨、和紙熏香的歷史，在空間中留下了當時各種細節，無論壁紙、天井到鑲嵌拼出變化的木地板，待在房間裡彷彿時光都靜止下來。

融合日法手法的美食體驗

充分體驗佐原古商家家設計之外，另一個主概念就是美食之宿，餐廳提供濃縮千葉特色卻健康美味的日法料理，無論從農家直接採購的當季新鮮蔬菜，甜美柔嫩的國產牛或者是捕撈自鄰近漁港的各色海味魚貨，最後佐上醇厚地酒，留下任誰都會留下永難忘懷的旅行記憶。

在這裡能隨個人意志自由自在地呼吸，並與純樸的村民們連結大、在味蕾間迸發和洋融合、古今貫穿的驚喜。佐原的美好，留宿一晚才能真正體驗。

佐原伴手禮

佐原的觀光區十分集中，用走路的都可以全部逛完。所以想買伴手禮不用急，可以隨意走走逛逛，好好思考一番再下決定。推薦百年老店的辣油與清酒，這可是有好水、好作物才能製成的優質良品。

辣油
油茂製油

有接近 400 年歷史的榨油老舖。以「玉絞め」這種傳統技法，將淺焙過的白芝麻置於石臼中精心製作，每一滴油都十分純粹。用和紙包裝得十分可愛的辣油以玉絞麻油為基底，加上辣椒、山椒、桂皮、八角、陳皮、蔥、薑、蒜等八種辛香料以低溫製成，香氣十足豪無雜味，是十分高雅的一品。

交通：佐原駅徒步 10 分
電話：0478-54-3438
地址：千葉縣香取市佐原イ -3398
時間：9:30~17:00，不定休

清酒
馬場本店酒造

有好水好米的佐原，自然也有好的酒藏與好酒。以高級的日本國產米「山田錦」為原料，搭上沖積平原的湧泉，堅持古法釀造、現代化保存，一瓶瓶好酒十分適合作為餽贈親友的當地伴手禮。

交通：佐原駅徒步 10 分
電話：0478-52-2227
地址：千葉縣香取市佐原イ 614-1
時間：9:00~17:00，不定休

地啤酒
上州屋酒店

除了清酒之外，日本各地正捲起一股「地啤酒」的旋風。來到有「小江戶」之稱的佐原，一定也要搭配千葉特有的精釀酒，感受水鄉與金黃啤酒交錯的風情，別有一番風情。

交通：佐原駅徒步 10 分
電話：0478-55-3055
地址：千葉縣香取市佐原イ 490-5
時間：9:00~19:00，不定休

最中餅
柏屋もなか店

當地老店的招牌店心。近年的大人氣商品是一口最中餅。小小的尺吋，一口塞一個剛剛好。香香脆脆的口感配上濃蜜內餡，一口吃最能品嚐美味。共有黑糖、紅豆、柚子三種口味，最適合拿來送禮。想單吃的話在店頭也能買得到。

交通：佐原駅徒步 5 分
電話：0478-52-3707
地址：千葉縣香取市佐原イ 569
時間：8:30~18:00，1/1 休

生活雜貨
植田屋荒物店

創業 250 年，以日本的美意識為主軸，選入多項日式生活雜貨，像是杯碗、餐具、竹籃、小雜貨等，店裡應有盡有。而且價格不但親民，品質也是優良有保障，不妨帶小不佔空間的小物回家，將日本風情延續回日常中吧。

交通：佐原駅徒步 10 分
電話：0478-52-2669
地址：千葉縣香取市佐原イ -1901
時間：10:00~17:00，不定休

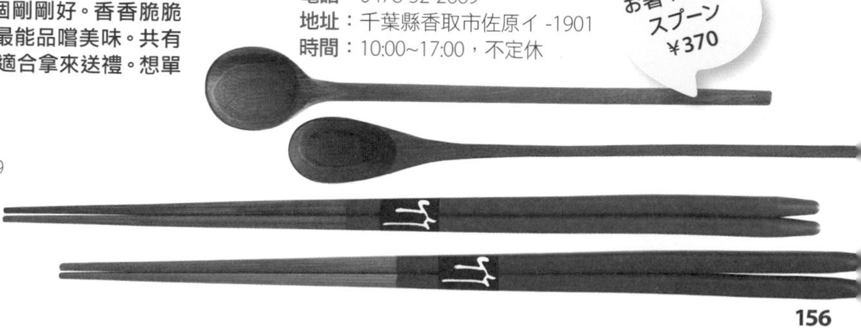

番外篇：離島六日

世界遺產 小笠原群島

前進東京最遙遠的神秘南國

刺激度★★★★☆
浪漫度★★★★☆
交通便利度★☆☆☆☆
世界秘境度★★★★★

東京近郊都玩透了？不如前往入選為世界自然遺產的小笠原群島一探究竟。

包括有人居住的父島、母島，因為電影而出名且有自衛隊設備的硫黃島、南鳥島，除此之外全都屬於無人島嶼。要想親近這處世界遺產絕對不是件簡單的事，因為這裡沒有機場，大型渡輪是唯一手段，東京出發到父島二見港長達的24小時航程！

上島會赫然發現，澄藍而令人迷亂的大海，充滿獨特生命氣息的密林，在這個世界認可的物種進化實驗室中划獨木舟、衝浪、浮潛、出海賞鯨豚，隨自己的念頭一一探索地球的原始脈動，就算什麼都不做光趴在海灘上也能大開眼界，千姿百態的珊瑚礁石、海龜產卵的拖曳痕跡、翱翔天際的黑背信天翁等，這一片遠離大陸的無人之境，完全契合遺世獨立的出遊傲嬌心緒。

悠遊小笠原小旅行

小笠原諸島的行政區雖然屬於東京都，但實際上卻遠在東京都一千公里外的海上，想要造訪只能由東京搭乘渡輪至父島，單程就須花費24小時。若想要到其它無人島則需要領有執照的導遊帶領，且要遵守每日登島人數與時間的限制。

交通指南

東京→竹芝棧橋

A JR浜松町駅北口徒步約7分

B 東京臨海新交通「百合海鷗號ゆりかもめ」竹芝駅徒步1分

C 地下鐵大門駅徒步約8分

東京港竹芝客船ターミナル

前往小笠原的船班在此發船。搭乘注意事項如下，需多留意：

- 出發前的check in櫃台在8號，時間在 9:30~10:40（連假會提前至8:00開始），注意不要遲到。
- 行李寄物在出發前30分停止受理。若要自己搬上船則不用寄物。

小笠原海運

- 船艙依等級大概分為特等、1等、2等寢台、2等和室。單程約¥23210～¥69170，而票價會依每月燃油價格而調整。詳細資訊與購票請洽官網。

- 平常約一週一班，且由東京抵達父島後，要約3天後才有回程船班。所以全部行程加上船上的去回各1晚，前往小笠原共要預留**6天5夜**才夠。
- 7～8月的暑假期間天天有船班，行程安排較為彈性。但因為是旺季，住宿與各項花費也會比較高。

網址：www.ogasawarakaiun.co.jp/english/

訂票：www.ogasawarakaiun.co.jp/rsys/

父島公車

父島上有「小笠原村營巴士」運行在大村、境浦、扇浦、小曲、北袋沢等地區。只是班次不多，6:00～18:00間隔1小時一班次。

價格：單程¥200，一日券¥500

小笠原村觀光局

需要島上的住宿、旅遊資訊，請上網站查詢。

網址：www.visitogasawara.com

Tips

為了保育生態，嚴禁攜帶動植物登島，登島時也要經過消毒防止外來物種破壞島上生態。

Day 1

搭乘小笠原丸 前進南國

9:30

東京港竹芝客船ターミナル

Tips

餐廳 Chichi-jima 位在 4 樓，品項豐富，不只日式洋式定食，連牛排都有！建議錯開用餐時間前往，比較不用排隊。

Tips

賣店位在 6 樓，有許多小零食、泡麵與土產，也有小笠原丸的獨創記念品，還能使用 SUICA 付費呢。

預計搭乘11點出港的小笠原丸（おがさわら丸），記得一定要提早前來報到。來到8號櫃台，完成報到手續後取得乘船QRcode，接著只要等待登船時間到達即可。登船時會依艙等開放，所以搭2等艙的我們還有還有不少時間，這時可以到這裡的小賣店買些零食帶上船吃。另外，在這裡也有個販售所「愛らんど」裡頭有不少各島的特產品與觀光介紹，打發時間就來這裡逛逛吧。

終於到了登船時間！先依船票找到床位後，將行李放置房內架上即可。二等艙再分為通鋪與寢台兩類，建議可以先訂購寢台床位，一格一格有點類似膠囊旅館，還有拉簾可以確保隱私。

船上有酒吧、有餐廳、有小賣店與自販機，吃喝不成問題，但要在船上待滿24個小時，尤其出港後會有20小時手機收不到訊號，實在是有點無聊，尤其船位空間小一直待著也不舒服，不妨多多走上甲板，看看海鳥，感受赤紅餘暉、閃爍星星，打發待在船上的孤單時間。

❶ 南島

網址： www.visitogasawara.com

註： 想登上南島，需要經由合格的領隊帶領。詳細可上小笠原村觀光局的網站查詢。

小笠原群島由 30 個大大小小的島嶼組成，以父島和母島為中心隔海相連，知名的琉黃島與日本領土最東邊的南鳥島也在其中。1972 年小笠原群島的一部分島嶼被指定為國立公園，1980 年被國家指定為小笠原諸島鳥獸保護區，至 2011 年更登錄為世界遺產。其中南島以喀斯特地形與周邊海域常見的鯨豚吸引了許多來此探訪生態的遊客，來這裡一定要參團登島，近距離欣賞美麗的扇池。

Tips
沙地上還能找到這個小小的貝殼，這其是一種叫 Mandarina luhuana 的陸地蝸牛殼化石。現在偶爾可以見到寄居蟹以其為家呢。

Tips
預約好的民宿會在港口舉牌迎接客人。後續如果有要接送或租車，也都可以在這時提出要求。

11:00 **父島二見港**
找到舉牌的民宿工作人員，由他帶領前往住宿地。

開車 **10 分**

11:30 **南風**
由民宿接送

開車 **10 分**

12:50 **二見港**
參加半日南島登島行程，約半小時抵達南島

船 **30 分**

13:30 **南島**
回程約半小時抵達父島二見港

船 **30 分**

Tips
島上沒有任何遮蔽物，記得做好防曬準備。

Day 2 踏上東洋加拉巴哥島

經過23小時的航行，慢慢的從一望無際的海平面看到破碎的小島！再不久終於抵達風和日麗的父島，心情也愈來愈興奮。當船要靠港時，乘客們都擠到甲板上欣賞風景，但也別忘了隨身物品要帶好。

抵達位在扇浦海灘附近的民宿南風，稍稍休息洗梳後，把防曬衣物帶好，準備到二見港集合，參加下午的南島行程。

請民宿工作人員接送至集合地點，報到後至青燈台等待登船。

會想來小笠原，最主要便是被美美的扇池海蝕洞照片吸引。而這座海蝕洞就位在❶**南島**。扇池是一處地殼變動而形成的小海灣，白色沙灘、碧綠色的海水映著後方的海蝕洞，被稱為最後的人間天堂。這裡是海龜的產卵地，沙地上的一道道痕跡都是海龜曾造訪的證據。

Tips
南島是保護區，必需由專業人士帶領才能登島，且島上不容許任何破壞行為，必需遵循工作人員指示行動。

② 千尋岩

網址：www.visitogasawara.com
註：詳細行程可上小笠原村觀光局的網站查詢。

千尋岩是距離地面200公尺的巨型心型岩壁，遠看像是一顆紅色的心臟，據說，是因為地層上的紅色土壤被雨水不斷沖刷，導致岩石表面染成紅色，也因為如此被稱為Heart Rock，是一個十分有特色的打卡景點。想真正了小笠原島上的生物獨特且稀有的動植物與軍事歷史文化，不妨參加健行行程，讓嚮導帶你踏上千尋岩，告訴你每一個角落的小故事。

16:00 二見港 → 開車 10分 由民宿接送 → 17:00 南風

7:00 南風 → 開車 5分 參加半日健行行程，由嚮導接送。 → 8:30 千尋岩 → 開車 5分 參加半日健行行程，由嚮導接送。

Tips
為了保護當地生物，進入林道前一定要徹底洗涮鞋底並噴上消毒液。

行程結束會回到二見港，記得要事前與民宿約好接送時間。

回到民宿，令人期待的晚餐時間正式登場。南風提供的餐點皆是地產食材，美味的海鮮更是令人讚不絕口。就用美食來消解這幾天的疲勞吧！

Day 3 HARD ROCK 半日健行

起床後享用美味早餐、到海灘散散步，接著整理好健行用品後準備出發。

這天由嚮導來到民宿接我們前往②**千尋岩**參加半日健行活動。小笠原群島被選為世界遺產時，正是因為其特有的珍稀動植物在島嶼上獨自進化的特性而深受肯定。跟著嚮導一路走在林蔭中，看著林相變化，不時還會發現小昆蟲、小鳥，幸運的話還可能看到特殊的在來種。

行程目的地是走到千尋岩的上頭，雖然

4 中山峠展望台

地址：東京都小笠原村父島
時間：自由參觀 **價格**：免費

就位在小港海岸、コペペ海岸旁的中山峠，大概不用 30 分鐘的小小登山，就能欣賞到小笠原的昆蟲、花草鳥木等特殊景觀。再往海岬處走還能眺望南島與其它小島，是父島上非常受歡迎的人氣觀景台。

3 コペペ海岸

地址：東京都小笠原村父島 **時間**：自由參觀
價格：免費

コペペ（kopepe）的地名來自移民自太平洋基里巴斯島的原住民「kopepe」先生住的地方之意。這片潔白的珊瑚礁海岸在夏季是海龜產卵的地方，來這裡浮潛還有可能會看到海龜出没。這裡海底也有設指標可以通向小港海岸，晚上也是夜間導覽、看星星的勝地。

Tips 進入保護林區前記得都要先刷洗鞋子。

Tips 廁所、涼亭設置完善。

Tips 走到千尋岩也大概是中午，健議水要帶 2 升、食物、零食等也別忘了！

16:00 **南風**

機車 **6分**
走 240 都道至浄水廠後接到コペペ線即達海灘。

16:30 **コペペ海岸**

機車 **10分**
雖然穿過小港海岸就能到，但騎車或開車的話還是得往走 240 都道接小港道路。

17:00 **中山峠展望台**

機車 **5分**
從小港道路接回 240 都道，直行即達。

Tips 千尋岩的健行步道上，還可以看到不少日軍作戰時的軍事遺跡。

Tips 要租機車記得準備好駕照的日譯版本。可在小笠原觀光（有）租借，6 小時￥1500 起。

從這裡看不到愛心的型狀，但天晴時可以遠望整個南島，搭配著太平洋特有的 pony blue，風景美不勝收。稍事休息，回程就比去程輕鬆許多，一路下坡，可以好好欣賞風景。

回到民宿簡單洗去汗水後，換上乾爽的衣物繼續來去看幾個秘境。

3 **コペペ海岸**是一處少有人煙的秘境沙灘。順著小境騎著機車前來，穿過一片林蔭眼前便是潔白的沙灘與湛藍大海，乘著微風、聽著浪聲一波一波，在這裡最能夠感受南國才有的悠閒空白時光。推薦在行程之餘一定要來這裡聽海放空。

就在コペペ海岸附近還有個登高景點，趁著夕陽落下前趕到 4 **中山峠展望台**欣賞美景吧！前往展望台的路段整備完整，雖然一路向上爬但大致好走，穿著簡便的休閒鞋就可以了。流了點汗，來到山頂後眼前一片

❻ 小笠原水產中心

電話：04998-2-2545 **地址**：東京都小笠原村父島字清
時間：8:30~16:30 **價格**：免費

小笠原不只島上物種特別，水中生物種類也是眾多。不只自古以來生活就與漁獲息息相關，還有與海龜相關的深厚飲食文化。現在來到這裡，可以在類似水族館的環境中，看到小笠原的海洋、淡水魚種的各種生態，還有許多不同的體驗給遊客參加。

Tips

幫魚刷牙的體驗只有這裡有！拿大牙刷輕敲池畔，魚魚們就會游來張大嘴巴，讓你幫他刷牙哦！

❺ 野瀨咖啡農園

電話：04998-2-3485 **地址**：東京都小笠原村父島長谷
時間：參觀、體驗皆需預約，咖啡體驗10:00開始
價格：咖啡體驗￥4500 **Mail**：nosefarm@yahoo.co.jp
網址：www.nosefarm.com

明治時期，作為熱帶植物的種植試驗地，小笠原開始了咖啡樹的栽種。雖然這裡氣溫、緯度十分適合咖啡生長，但每年受颱風侵襲影響，加上不使用農藥，咖啡的產量一直很少，所以這裡的咖啡豆也愈顯珍貴。來到野瀨咖啡農園不但可以了解咖啡的生態與種植歷史，也能親手採摘熟豆並烘豆、自己沖杯屬於自己的咖啡。

18:00 南風

9:00 南風

機車 5分
走240都道往夜明道路方向，即達

10:00 野瀨咖啡農園

機車 10分
往回走240都道，至扇浦海岸時右轉灣岸通即達

Tips

新鮮熟成的咖啡果肉香甜，製作咖啡只需要裡面的籽。

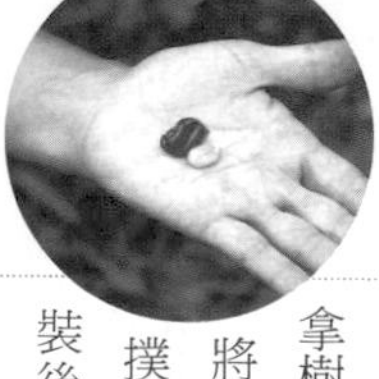

開闊！突出的海岬向前沿伸，向右看還能看到剛剛去的コペペ海岸，果真辛苦爬上來是有價值的！

回到民宿享用晚餐，好好休息。

Day 4 小島悠遊散策

這天安排小島自駕漫遊，可以悠悠哉哉睡到飽再起床。

小笠原群島的熱帶氣候，不但林相與日本本島不同，也很適合種植咖啡！事前預約了❺**野瀨咖啡農園**進行咖啡體驗，依約前來，女主人已在門口等待。行程一開始，女主人帶我們參觀咖啡農園，並帶我們認識小笠原的氣候與咖啡品種。接著親手採收熟成的咖啡豆後，便是行程重頭戲——製作一杯屬於自己的咖啡。跟著指示拿樹枝將豆子的皮搗除，再將其細心小火烘成，香氣撲鼻的咖啡就完成了。包裝後可帶回家置放一週風味更濃。

8 波食波食

電話：04998-2-3060 **地址**：東京都小笠原村父島東町
時間：11:30~13:30，17:30~22:00
價格：薑汁燒肉定食￥1100，海龜刺身定食￥2500

要說這裡是小笠原上最有人氣的食堂一點也不為過。小小的店面每到用餐時刻總是大排長龍，不只當地人愛來，觀光客更是慕名前來排隊。這裡的料理俗又大碗，份量絕對能讓成年男性大滿足。不但有特色海龜料理，想走安全牌的人，一般日式定食也都很美味，值得一試。

Tips
推薦菜色之一就是薑汁燒肉定食。

7 Heart Rock Cafe

電話：04998-2-3317 **地址**：東京都小笠原村父島字東町
時間：9:00~18:00 **價格**：鯊魚漢堡￥500，咖啡￥450
網址：take-na.com/

位在二見港附近的咖啡食堂。不但也喝得到小笠原產的咖啡，更是推薦「鯊魚漢堡」。這是使用當地捕獲的「長尾鯊」的特殊部位，經過除臭處理才有辦法品嚐到的夢幻逸品。有機會來這裡用餐的話可不要錯過。

13:40 **小笠原水產中心**
← 機車 **2分**
繼續走240都道，至二見港即達

13:40 **二見港區**
← 機車 **3分**
往回走240都道，過小笠原水產中心後岔路右轉進棧橋即達

19:00 **飛魚棧橋**
← 機車 **10分**
順著240都道至扇浦海岸後左轉即達

中午過後，來到6**小笠原水產中心**。看看小笠原周邊海域、父島、母島的河川與大海中棲息的生物。這個水族館雖然小小的，但展示有趣，標示得也清楚，重點是可以免費參觀！在炙熱的天氣來這裡吹免錢冷氣，又有可愛的水族館可以殺時間，實在是非常推薦。

下午推薦來7**Heart Rock Cafe**喝咖啡、吃冰淇淋。特別的是這裡雖然取這個名字，但跟千尋岩其實沒有直接關係啦。不過房舍四周樹木茂密，坐在其中感到十分涼爽舒適。休息過後，可以隨意在附近走走。不但有大神山神社可以由高望向港口，市街小巷弄中更有不少好吃好玩好買的小店。就這麼逛著逛著，時間也差不多要吃晚餐了。喜歡熱鬧的朋友，推薦來到8**波食波食**感受深受當地食客們熱愛的定食料理。店主人毫不作做的豪快感，與樸實無奇卻十分美味的家常菜，正是吸引大家前來的原因之一。

吃飽飯想到港邊散散步，再推薦你來一個密秘景點——9**飛魚棧橋**。這裡每到晚上就會有魟魚與鯊魚游進來，奇特的景色別處可是看不到，漸漸成為眾人口耳相傳的密秘景點。如今知道的人也不少，總之晚上不知道去哪，來港口坐著聊天發呆都很讚。

⑩ 大根山公園

地址：東京都小笠原村父島 **時間**：自由參觀
價格：免費

大根山這裡其實並不是一般的公園，嚴格來說，這裡是一個墓園。在日本對於墓園的定義並非是陰暗可怕，反而倒是整理得舒適得宜，適合從事各種活動。每到週日早上，ChikaYoga 會在這裡舉辦瑜珈體驗教室，居高臨下面對二見港，風景十分悠美。

⑨ 飛魚棧橋

地址：東京都小笠原村父島東町
時間：自由參觀 **價格**：免費

位在二見港旁的澳村飛魚棧橋，是停放觀光船的碼頭，平常觀光客並不會造訪此處，但每到夜晚，這裡路燈明亮人群聚集，大家都來看夜晚進港的水中生物。其中超有名的魟魚、沙虎鯊等，都是當地人的老朋友，十分受歡迎。

20:00 南風

5:30 南風

機車 15分
走 240 都道，至二見港後繼續直行至氣象觀測所後右轉爬坡即達

6:00 大根山公園

機車 15分
沿著 240 都道回到扇浦後左轉

8:00 南風

機車 15分
走 240 都道回到二見港口，還機車。

Tips
瑜珈約 1 小時，上課費用是自由樂捐。

回到民宿時間也已經晚了，早點休息，明天要回東京了。

Day 5 準備回東京

今天早上要去體驗瑜珈，所以起得比較早。ChikaYoga 舉辦免費瑜珈的地點正是在⑩**大根山公園**。清早來到這裡，迎著斜射的朝陽，望向大海，整體氣氛十分好。聽著知花老師的指導，不但做到身體的動作，也體會到心靈的冥想，似乎在南國小島中，又找到了解放身體與心靈更自由的一個方法了呢。

做完瑜珈後，回到民宿，可以再次洗梳、吃早餐，或到扇浦海岸散散步。退房時，工作人員拿出事前準備好的花圈！原來這是離開小笠原的傳統，可得小心收好。

Tips

盛大的送行儀式是小笠原的傳統、船出港前不妨先到船身右側佔好位子，以免看不到。

14:00

二見港

15:00

東京港竹芝客船ターミナル

Tips

當船離港時，我們要在船上把花圈向大海丟，而花隨著浪潮回到島上，也像徵著我們有一天會再度回來。

到了登船時間，依依不捨地要離開小笠原群島了。你會發現民宿工作人員、餐廳老闆、行程嚮導等等，這幾天認識的熟面孔都來了！島上的人們會在此刻聚集前來港邊送行，用力揮著雙手，祝福航程順利，並期望能再見。

當船出港時，記得將民宿給的花圈丟向大海，而島上的船隻也紛紛駛出，追著小笠原丸，形成盛大的送行船隊，熱情到讓人感到依依不捨。

Day 6 抵達東京

經過24小時的航程，回到東京。回到浜松町車站便可以接續後面的行程。

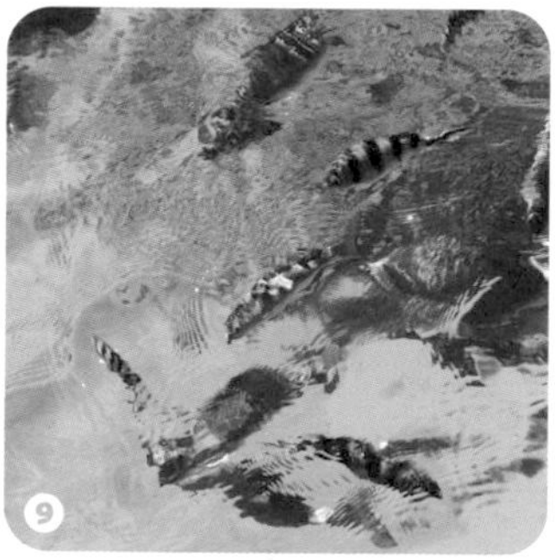

❶父島上的大眾交通不方便，想搭公車的話記得先看時刻表。 ❷藍藍的大海是小笠原的標準色 ❸坐在小笠原丸上可以享用到現煎牛排，吃來更滿足。 ❹父島上也可以租借電動自行車，讓行程更順暢。 ❺與當地嚮導一起在沙灘樹下野餐 ❻二見港一隅風景 ❼島上的郵筒有收件截止時間，如果要寄明信片記得看好時間。 ❽小笠原丸出港時各家遊艇紛紛追上，形成盛大的送行船隊。 ❾小笠原的海透明淀藍 ❿小笠原雜色林鴿是島上的人氣明星 ⓫使用地產檸檬製成的各式飲料，限定版本只有這裡才喝得到。 ⓬親手採摘熟成咖啡豆。

丸丈

交通：從二見港走路 5 分 **電話：**04998-2-2030 **地址：**東京都小笠原村父島東町 **時間：**11:00~14:00，18:00~22:00 **休日：**不定休 **價格：**海龜刺生￥1050，海龜燉煮￥1050，島壽司￥1000

小笠原維持著百年來的吃龜傳統，目前每年還可以合法捕撈130隻海龜來食用。若想要試試看這項傳統美食，可以來到丸丈，品嚐新鮮的海龜刺生與海龜內臟燉煮。除此之外，將鰆魚肉用醬油醃過的「島壽司」更是充滿在地風情的一品，值得推薦。

島のお茶やさん

交通：從扇浦海岸走路 15 分 **電話：**04998-2-7711 **地址：**東京都小笠原村父島小曲 35-1 **時間：**小笠原丸停靠時營業。入港日 11:00~16:00，停泊中 10:00~16:00，離港日 9:00~12:00 **休日：**不定休 **價格：**小笠原咖啡￥1000，飲料￥500

門口一大片百香果棚，看似民家的小咖啡廳，氣氛十分悠閒。這裡的咖啡飲料品項眾多，不但有手作蛋糕與自家農園果汁，更推薦可以品嚐數量稀少，每日限定十杯的小笠原咖啡。雖然價格比較高，但以法式壺萃取的咖啡香氣十足韻味深厚，十分值得一試。

30’s

交通：從二見港走路 6 分 **地址：**東京都小笠原村父島東町 **時間：**入港日入港中 10:00~14:00，出港日出港中 10:00~17:00 **休日：**請洽官網 **價格：**三明治￥550 起

位在二見港繁華市街裡的30’s，是家充滿年輕活力的輕食小店。除了提供咖啡飲品之外，三明治、熱狗、窯烤批薩等熱食更是吸引人。不但室內空間溫馨，室外露台更是適合朋友歡聚，推薦一群朋友的人可以來這裡享用美式餐點。

來去住一晚

微微南風吹撫下的海邊渡假小屋

Island Resort NANPU

南國小島上，南風（NANPU）坐落在扇浦海灘的蔚藍海岸線上，
四周被熱帶林木環繞，每到夜晚更是寂靜，
只聽得到蟲鳴與浪聲，抬頭一望便是滿天星斗。
正因為這樣遠離塵囂、清幽的環境，是放鬆身心的理想渡假場所。

渡假小屋

充滿熱帶海島風情的渡假小屋，外觀清爽，在當地別有特色。

位在小笠原群島的主島「父島」上，以渡假小屋為主題的南風外觀設計簡潔大方，風格融合了現代化元素與自然美感，6間客房分別以獨棟、半露天浴室區隔開各自的隱私，裝潢雅緻，充滿了溫馨和浪漫氛圍。

過過小島的隨意日子

每一個客房都有獨立門戶，推開門一股清新的氣息迎面而來，房內充滿了明亮、清新的色調，營造出一種度假舒適、自在的氛圍。床鋪、沙發、家具等設施精心搭配，使得整個房間的氛圍和諧舒適。齊全的家居設施與獨立衛浴，讓人感受到家的溫暖與舒適，也為度假生活提供了便利。

南風致力於打造一個可以擺脫工作和生活壓力，讓人盡情享受寧靜愉悅的度假空間。因為南風就位在沙灘旁，空閒時候可以在沙灘上散步，享受陽光的溫暖，也可以在清澈的海水中暢泳、嬉戲，讓身心得到舒緩和放鬆。此外，民宿工作人員也很樂於聊天分享，幫助住客探索當地的文化風情、體驗生活方式和習俗。而晚上，可以在小屋裡泡一杯紅茶，聽著海浪拍打著岸邊，享受寧靜的夜晚。

獨立空間

房內擺著躺椅，打造舒適的居旅空間。

餐廳空間

木造裝潢配上紅白格子桌巾，南方小島將義大利小島樣貌移殖過來，風情滿滿。

Island Resort NANPU

交通：二見港開車約 10 分
地址：東京都小笠原村父島字扇浦
電話：04998-2-2112
時間：配合小笠原丸的入港、出港時間送迎
價格：一泊二食 1 人￥17800 起
網址：www.ogasawara-nanpu.com

海產美味

地產鮮魚只要簡單烹調，就能品嚐到最嫩的肉質與甜美的鮮味。

純天然備品

這裡使用的備品訴求天然無汙染，對海洋十分友善

一日二食的盛情款待

入住南風，建議選擇包括早餐與晚餐的方案。

新鮮的海鮮和當地的農產品是日替菜單的主角，讓人能夠享受到最地道的島國風味。熱騰騰的煎蛋捲、燉物配上鮮嫩多汁的時令煎魚，讓人一口接一口，調味簡單卻驚艷不已。雖然島上物資取得不易，但每餐都還是有新鮮水果和烤麵包，注重視覺呈現與營養的均衡。雖然偶爾外食也不錯，但回到民宿就有飯菜等著，就像是回家一樣，讓人感到十分溫馨。這裡的料理不能算是最地道的風味，但能享受到新鮮和美味的海鮮，大大滿足了旅人的心靈與味蕾。

微微南風吹撫下的海邊渡假小屋令人心曠神怡，這裡不僅可以暫時遠離城市的喧囂，享受寧靜愜意的假期，也是提供美好的回憶堡壘，成為一生中的珍貴體驗。

小笠原伴手禮

小笠原群島的主要景點集中在父島、母島上。大多人因為時間的關係只能在父島停留，這裡的伴手禮都集中於二見港附近的繁華街道上。範圍不大，選一個下午走走逛逛便能買齊。

地產調味料

JA 農産物観光直売所

喜歡料理的人，就不要錯過購買當地特殊調味品的機會。像是會自然回甘的小笠原鹽、特別的島檸檬製品，還有辣油，都很值得自用送人。

交通：二見港走路 3 分
電話：04998-2-2940
地址：東京都小笠原村父島東町
時間：9:00~17:30

島 T 恤

makimaki

每一個小島都有專屬於自己的 T 恤與字樣。由島上年輕人創作的圖案與文字，加上使用吸水速乾性的布料製成的衣物，乾爽快乾適合烈日下穿著。

交通：二見港走路 3 分
電話：04998-2-3755
地址：東京都小笠原村父島東町
時間：12:00~18:00，出港日 10:00~15:00

鴿子餅乾

makimaki

被定為天然紀念物的小笠原雜色林鴿，也像鎌倉的名產一樣，被拿來做成餅乾的模樣，吃起來很單純就是個奶油餅乾，可光是因為可愛的造型吸引目光，被買回東京當作伴手禮而聲名大噪，成為小笠原名物之一。

交通：二見港走路 3 分
電話：04998-2-3755
地址：東京都小笠原村父島東町
時間：12:00~18:00，出港日 10:00~15:00

小笠原咖啡

野瀬咖啡農園

珍貴的小笠原產咖啡數量十分稀少，所以想買記得事先預約請農園留貨，有貨再前往購買比較不會白跑一趟。除了咖啡，也有咖啡葉製成的茶包，富含維它命且沒有咖啡因連小孩老人都能喝。

交通：從二見港開車約 20 分
電話：04998-2-3485
地址：東京都小笠原村父島長谷
時間：參觀、體驗皆需預約

日本旅遊情報

基本概要

●國名：日本 **●正式國名**：日本國 **●首都**：東京 **●語言**：日語
●宗教：以信神道教者佔最多數，其次為佛教、基督教、天主教等。
●地理環境：位於東北亞的島國，由四大島：北海道、本州、四國、九州及許多小島組成，西濱日本海、朝鮮海峽、中國東海，東臨太平洋，島上多陡峭山脈和火山，本州是最大主島，沿海為狹窄平原。

退稅手續

在日本購物後要怎麼退稅？日本從 2014 年 4 月起將原本 5% 的消費稅調漲至 8% 後，陸續施行了一系列退稅制度修改，伴隨著對外國人的免稅新政策施行，原本只有電器、服飾能夠退稅，如今連食品、藥妝也列入免費範圍，2018 年 7 月起更是將一般品及消耗品合併計算，退稅制度更為優惠。2019 年 10 月起再調漲至 10%，想搞懂新的退稅機制，只要把握以下幾個原則就沒有錯：

退稅流程

1、選購商品
2、同一日同間商店購買 a) 消耗品 + b) 一般品達￥5,000 以上
3、結帳時表示欲享免稅，並出示護照。短期停留的觀光客才享有退稅資格。有的百貨、商店有專門退稅櫃台，可結帳後再到退稅櫃台辦理。
4、由店員輸入資料後，便可取回商品與護照。
5、一般品可以拆箱使用，而消耗品則不可拆封 (由專用袋／箱裝著)，原則上應於出境時隨身攜帶以利海關檢查。

項目	退稅條件
可退稅的對象	短期訪日的外國旅客(台灣護照的觀光簽證為90天)，在日本工作或在日停留超過6個月的外國人不能享受免稅服務。此外，必須在購物後的30天內出境。
可退稅的店家	貼有「Japan. Tax-free Shop」貼紙的商家，日本全國目前約有近3000間商家、電器賣場與百貨等適用，且持續增加中。 店家查詢：tax-freeshop.jnto.go.jp/eng/shop-list.php
可退稅的商品類型	(1)消耗品：食品、藥品、化妝品及飲料等 (2)一般商品：家電、服飾、包包等非消耗品 退稅的商品需在30天內帶出境，且食品、藥品、化妝品等消耗性物品需保持包裝完整，不可開封，開封的話即不可退稅。

簽證與護照

簽證及護照效期規定

2005 年 8 月 5 日通過台灣觀光客永久免簽證措施，即日起只要是 90 日內短期赴日者，即可享有免簽證優惠。

●免簽證實施注意事項：
對象：持有效台灣護照者 (僅限護照上記載有身分證字號者)。
赴日目的：以觀光、商務、探親等短期停留目的赴日 (如以工作之目的赴日者則不符合免簽證規定)。
停留期間：不超過 90 日期間。 出發入境地點：無特別規定。

事先上傳 VJW

因應疫情，日本推出了 Visit Japan Web 讓人事先填寫資料以加速檢疫、入境的時間。只要先登記帳戶填寫資料，接著上傳檢疫資訊、填寫入境審查、海關申報，就能獲得入境 QR code，減少入境審查的繁雜手續，入境那天能速速通關。
網址：www.vjw.digital.go.jp/
註：若無接種完整疫苗者，需備好出發日 3 天內的 CPR 陰性證明，上傳或列印出來，過海關時備查。

防疫緊急情況協助

因應 Covid-19 疫情不斷變化，在訪日本期間若感到身體不適時，可利用以下單位諮詢協助。

Covid-19 諮詢熱線

若疑似感染或在日病毒檢測結果為陽性時，可利用厚生勞動省 (MHLW) 提供的多語言熱線諮詢服務，提供中、英、韓、泰、西、越等多國語言。
電話：0120-565653 **時間**：9:00~21:00

電話醫療諮詢及翻譯服務

由亞洲醫師協會醫療資訊中心 (AMDA) 提供中、英、韓等 8 國語言醫療諮詢服務專線，另也提供電話翻譯服務。
電話：03-6233-9266 **網址**：www.amdamedicalcenter.com/welcome/english

更多日本安全旅遊問題協助

日本國家旅遊局 (JNTO) 提供全年不停休的英、中、韓語的旅客諮詢熱線，除了旅遊資訊外，在發生緊急事件或事故時可撥打熱線尋求協助。
電話：050-3816-2787 **網址**：www.japan.travel/tw/plan/hotline

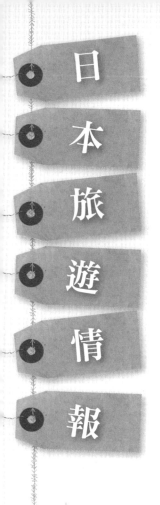

國家圖書館出版品預行編目資料

東京近郊一泊二日/墨刻編輯部作. -- 初版. -- 臺北市
墨刻出版股份有限公司出版：英屬蓋
媒股份有限公司城邦分公司發行, 202
176面 ;16.8×23公分. -- (Theme ; 49
ISBN 978-986-289-844-4(平裝)

1. 旅遊 2. 日本東京都 3. 日本關東
731.72609

THEME 49

東京近郊
一泊二日

作者・攝影
墨刻編輯部

插畫・地圖繪製
希拉

主編
呂宛霖

美術設計
羅婕云・許靜萍 (特約)

執行長
何飛鵬

生活旅遊事業總經理暨墨刻出版社長
李淑霞

總編輯
汪雨菁

行銷經理
呂妙君

行銷專員
許立心

出版公司
墨刻出版股份有限公司
地址：台北市104民生東路二段141號9樓
電話：886-2-2500-7008　傳真：886-2-2500-7796
E-mail：mook_service@cph.com.tw
讀者服務：readerservice@cph.com.tw
墨刻網址：www.mook.com.tw

發行公司
英屬蓋曼群島商家庭傳媒股份有限公司城邦分公司
地址：台北市104民生東路二段141號2樓
電話：886-2-2500-7718　886-2-2500-7719
傳真：886-2-2500-1990　886-2-2500-1991
城邦讀書花園：www.cite.com.tw
劃撥：19863813
戶名：書虫股份有限公司

香港發行所
城邦(香港)出版集團有限公司
地址：香港灣仔駱克道193號東超商業中心1樓
電話：852-2508-6231
傳真：852-2578-9337

馬新發行所
城邦（馬新）出版集團 Cite (M) Sdn Bhd
地址：41, Jalan Radin Anum, Bandar Baru Sri Petaling, 57000 Kuala Lumpur, Malaysia.
電話：(603)90563833／傳真：(603)90576622
／E-mail：services@cite.my

製版・印刷
漾格科技股份有限公司

經銷商
誠品股份有限公司・聯合發行股份有限公司
金世盟實業股份有限公司

城邦書號
KX0049

定價
399元

ISBN
978-986-289-844-4・978-986-289-847-5（EPUB）
2023年3月初版

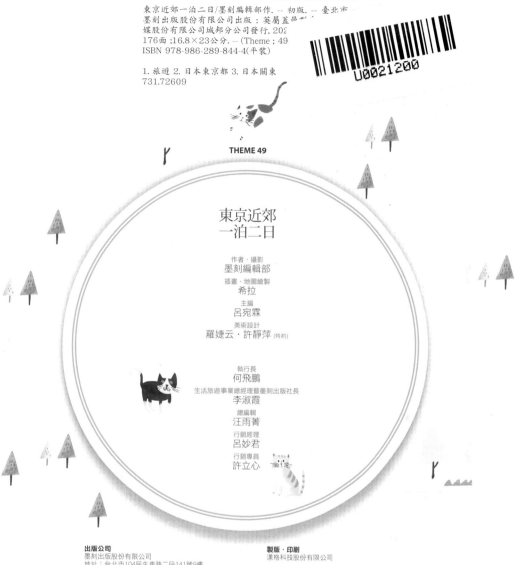